Satz für Satz
SPANISCH A1
Grammatik üben mit der Übersetzungs-Methode

von
Magdalena Filak
Filip Radej

PONS

Satz für Satz
Spanisch A1
Grammatik üben mit der
Übersetzungs-Methode

von
Magdalena Filak
Filip Radej

Basiert auf ISBN 978-3-12-562164-0

3. Auflage 2025

Originaltitel: Hiszpański w tłumaczeniach. Gramatyka 1

Übersetzung und Bearbeitung der Grammatiktexte: Anke Levin-Steinmann
Übersetzung der Übungssätze: Jutta Porteck
Redaktion: Stefanie Schäfer
Logoentwurf: Erwin Poell, Heidelberg
Logoüberarbeitung: Sabine Redlin, Ludwigsburg
Satz: tebitron gmbh, Gerlingen
Druck und Bindung: Multiprint Ltd., Kostinbrod

ISBN: 978-3-12-566052-6

Vorwort

Kennen Sie das? Sie lernen eine Grammatikregel, lesen die Erklärungen - und wenn es daran geht, das Wissen in die Praxis umzusetzen, werden Sie plötzlich unsicher ...
Mit der PONS Übungsgrammatik *Satz für Satz* Spanisch A1 lernen Sie auf eine einzigartige Art und Weise die Grammatik der spanischen Sprache, indem Sie einfache deutsche Sätze aus dem Alltag ins Spanische übersetzen. Dadurch erwerben Sie einerseits Kenntnisse über die grammatischen Phänomene, andererseits erweitern Sie durch das Übersetzen Ihren Wortschatz. Direkt bei jedem einzelnen Satz helfen Ihnen Tipps und Erklärungen, die Regeln richtig anzuwenden.

Das Buch enthält 35 Lektionen mit Übungen und Erklärungen zur spanischen Grammatik auf der Niveaustufe A1 des Gemeinsamen Europäischen Referenzrahmens (GER). Jede Lektion enthält 36 Sätze zu alltäglichen Themen.

Und so gehen Sie vor:

1. Auswählen

Wählen Sie im Inhaltsverzeichnis ein bestimmtes Grammatikthema, das Sie interessiert bzw. in dem Sie sich verbessern wollen.

2. Übersetzen

Decken Sie die auf der rechten Seite stehenden Lösungen mit einem Blatt ab, und übersetzen Sie die deutschen Sätze auf der linken Seite ins Spanische auf den dafür vorgesehenen Schreiblinien. Wenn Sie Ihren Wortschatz erfolgreich erweitern möchten, kommen Sie um die intensive Nutzung eines Wörterbuchs nicht herum. Online können Sie z. B. www.pons.de nutzen.

3. Lösungen vergleichen

Die Lösungen stehen dann ohne langes Blättern direkt neben Ihren Übersetzungen auf der rechten Seite. Vergleichen Sie Ihre Übersetzungen mit den Lösungen. Bei Zweifel und Fragen helfen die Grammatiktipps und -regeln auf der rechten Seite in der rechten Spalte.

Hinweis: Die PONS-Redaktion ist sich durchaus bewusst, dass es nicht immer nur eine richtige Lösung beim Übersetzen geben kann. Dennoch haben wir hier nur eine Lösung angegeben, von der wir denken, dass sie am besten passt.

Ein Grammatikthema ist Ihnen noch gänzlich unbekannt? Kein Problem! Dann lesen Sie zuerst die Grammatikerklärungen auf der rechten Seite und übersetzen danach die Übungsseite.
Dieses Buch kann sowohl als Zusatzmaterial zu einem Sprachkurs als auch zum reinen Selbststudium verwendet werden.

Viel Erfolg!

Ihre PONS-Redaktion

Benutzerhinweise

1. **Wählen Sie ein Thema** aus. Decken Sie die Lösungen auf der rechten Seite ab.

3. **Decken Sie die Lösungen auf** und prüfen Sie Ihre Übersetzung.

4. Hier finden Sie Erklärungen zur **Grammatik**, nützliche Tipps und Kommentare zu den häufigsten Fehlern.

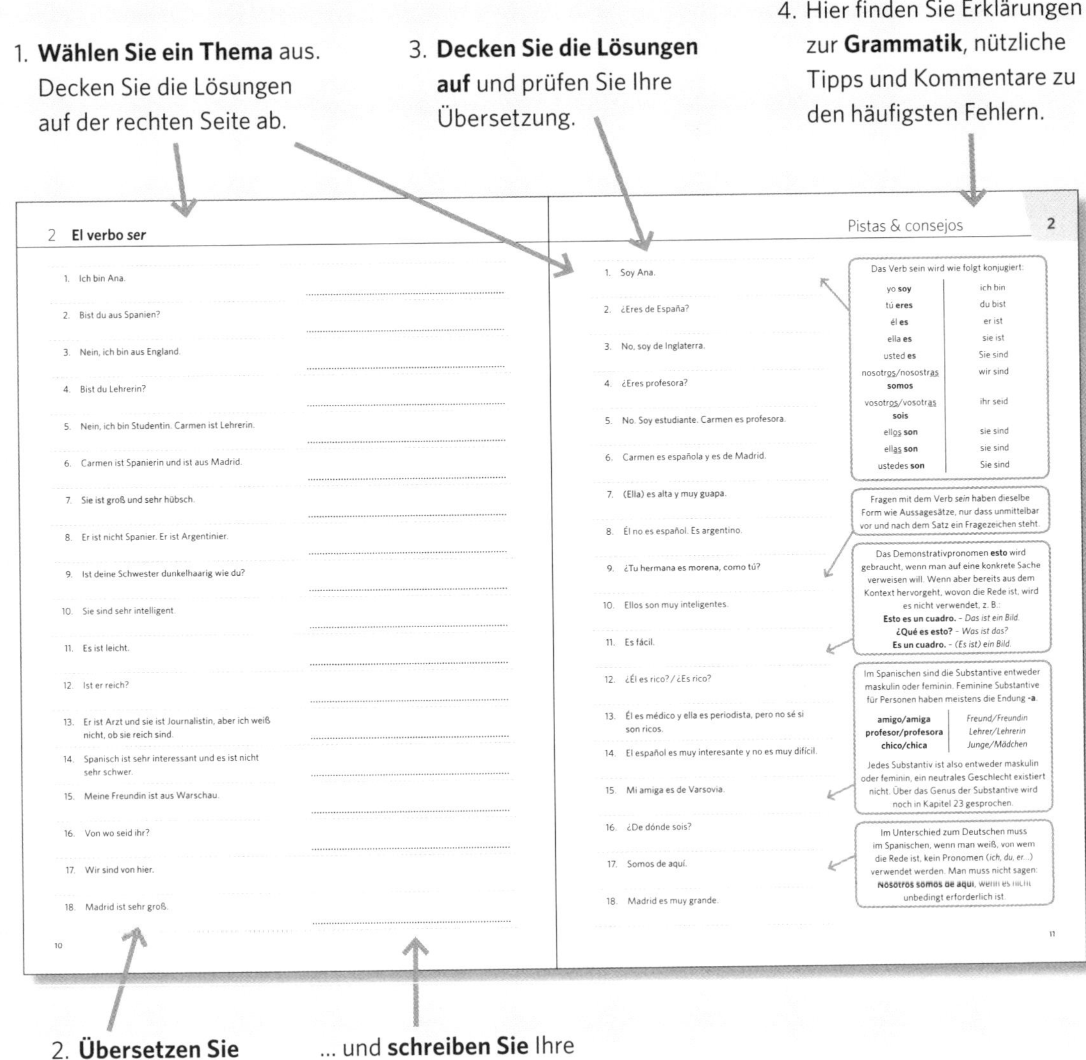

2 **El verbo *ser***

1. Ich bin Ana.
2. Bist du aus Spanien?
3. Nein, ich bin aus England.
4. Bist du Lehrerin?
5. Nein, ich bin Studentin. Carmen ist Lehrerin.
6. Carmen ist Spanierin und ist aus Madrid.
7. Sie ist groß und sehr hübsch.
8. Er ist nicht Spanier. Er ist Argentinier.
9. Ist deine Schwester dunkelhaarig wie du?
10. Sie sind sehr intelligent.
11. Es ist leicht.
12. Ist er reich?
13. Er ist Arzt und sie ist Journalistin, aber ich weiß nicht, ob sie reich sind.
14. Spanisch ist sehr interessant und es ist nicht sehr schwer.
15. Meine Freundin ist aus Warschau.
16. Von wo seid ihr?
17. Wir sind von hier.
18. Madrid ist sehr groß.

10

Pistas & consejos 2

1. Soy Ana.
2. ¿Eres de España?
3. No, soy de Inglaterra.
4. ¿Eres profesora?
5. No. Soy estudiante. Carmen es profesora.
6. Carmen es española y es de Madrid.
7. (Ella) es alta y muy guapa.
8. Él no es español. Es argentino.
9. ¿Tu hermana es morena, como tú?
10. Ellos son muy inteligentes.
11. Es fácil.
12. ¿Él es rico? / ¿Es rico?
13. Él es médico y ella es periodista, pero no sé si son ricos.
14. El español es muy interesante y no es muy difícil.
15. Mi amiga es de Varsovia.
16. ¿De dónde sois?
17. Somos de aquí.
18. Madrid es muy grande.

Das Verb sein wird wie folgt konjugiert:

yo **soy**	ich bin
tú **eres**	du bist
él **es**	er ist
ella **es**	sie ist
usted **es**	Sie sind
nosotros/nosostras **somos**	wir sind
vosotros/vosotras **sois**	ihr seid
ellos **son**	sie sind
ellas **son**	sie sind
ustedes **son**	Sie sind

Fragen mit dem Verb *sein* haben dieselbe Form wie Aussagesätze, nur dass unmittelbar vor und nach dem Satz ein Fragezeichen steht.

Das Demonstrativpronomen **esto** wird gebraucht, wenn man auf eine konkrete Sache verweisen will. Wenn aber bereits aus dem Kontext hervorgeht, wovon die Rede ist, wird es nicht verwendet, z. B.:
Esto es un cuadro. - *Das ist ein Bild.*
¿Qué es esto? - *Was ist das?*
Es un cuadro. - *(Es ist) ein Bild.*

Im Spanischen sind die Substantive entweder maskulin oder feminin. Feminine Substantive für Personen haben meistens die Endung **-a**.

amigo/amiga	*Freund/Freundin*
profesor/profesora	*Lehrer/Lehrerin*
chico/chica	*Junge/Mädchen*

Jedes Substantiv ist also entweder maskulin oder feminin, ein neutrales Geschlecht existiert nicht. Über das Genus der Substantive wird noch in Kapitel 23 gesprochen.

Im Unterschied zum Deutschen muss im Spanischen, wenn man weiß, von wem die Rede ist, kein Pronomen (*ich, du, er...*) verwendet werden. Man muss nicht sagen: **Nosotros somos de aquí**, wenn es nicht unbedingt erforderlich ist.

11

2. **Übersetzen Sie** die Sätze ...

... und **schreiben Sie** Ihre Übersetzung auf die Linien.

Inhalt

Frases útiles

1. Hallo. ....

2. Guten Morgen. / Guten Tag. ....

3. Guten Tag. / Guten Abend. ....

4. Gute Nacht. ....

5. Vielen Dank. ....

6. Nichts zu danken. ....

7. Wie geht's? ....

8. Gut. / Schlecht. ....

9. Sehr gut, danke. ....

10. Bitte. ....

11. Entschuldigung. ....

12. Es tut mir leid. ....

13. Einverstanden. ....

14. Viele Grüße. ....

15. Bis bald. ....

16. Tschüs. / Auf Wiedersehen. ....

17. Bis später. ....

18. Bis morgen. ....

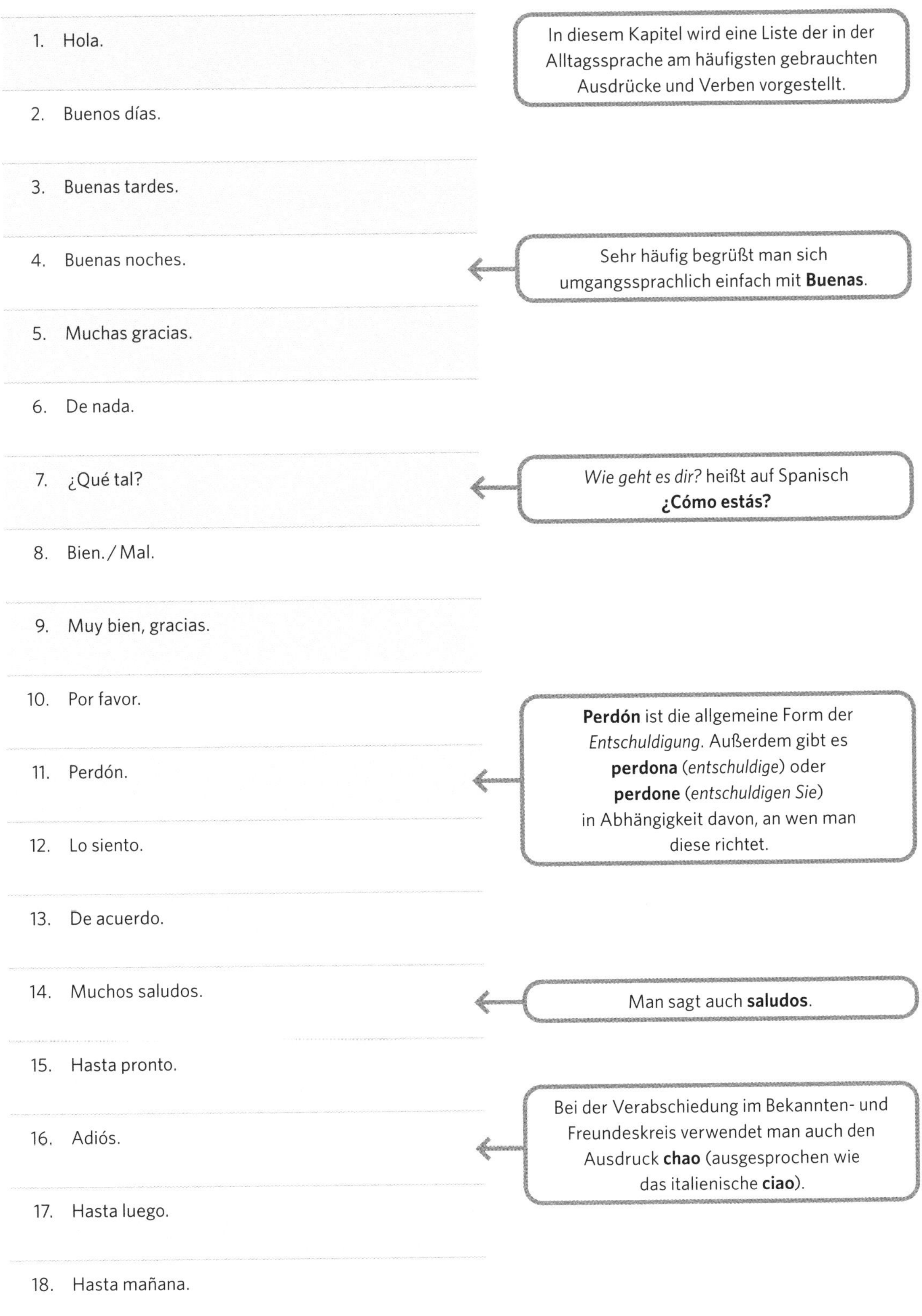

1. Hola.
2. Buenos días.
3. Buenas tardes.
4. Buenas noches.
5. Muchas gracias.
6. De nada.
7. ¿Qué tal?
8. Bien. / Mal.
9. Muy bien, gracias.
10. Por favor.
11. Perdón.
12. Lo siento.
13. De acuerdo.
14. Muchos saludos.
15. Hasta pronto.
16. Adiós.
17. Hasta luego.
18. Hasta mañana.

In diesem Kapitel wird eine Liste der in der Alltagssprache am häufigsten gebrauchten Ausdrücke und Verben vorgestellt.

Sehr häufig begrüßt man sich umgangssprachlich einfach mit **Buenas**. (→ 4)

Wie geht es dir? heißt auf Spanisch **¿Cómo estás?** (→ 7)

Perdón ist die allgemeine Form der *Entschuldigung*. Außerdem gibt es **perdona** (*entschuldige*) oder **perdone** (*entschuldigen Sie*) in Abhängigkeit davon, an wen man diese richtet. (→ 11)

Man sagt auch **saludos**. (→ 14)

Bei der Verabschiedung im Bekannten- und Freundeskreis verwendet man auch den Ausdruck **chao** (ausgesprochen wie das italienische **ciao**). (→ 16)

19. Einverstanden. ....

20. Keine Sorge. ....

21. Fabelhaft! ....

22. Vorsicht! ....

23. Prost! ....

24. Wie heißt du? ....

25. Ich heiße ... .

26. Wie sagt man ...? ....

27. Wo ist ...? ....

28. Ich möchte ... / Ich möchte nicht ... .

29. Ich habe ... / Ich habe nicht ... .

30. Ich muss ... .

31. Kannst du ...? ....

32. Mir gefällt ... .

33. Ich weiß nicht. ....

34. Ich verstehe nicht. ....

35. Willkommen. ....

36. Selbstverständlich. / Klar. ....

19. Vale.

20. No te preocupes.

21. ¡Estupendo!

22. ¡Cuidado!

23. ¡Salud!

24. ¿Cómo te llamas?

25. Me llamo...

26. ¿Cómo se dice...?

27. ¿Dónde está...?

28. Quiero... / No quiero...

29. Tengo... / No tengo...

30. Tengo que...

31. ¿Puedes...?

32. Me gusta...

33. No sé.

34. No entiendo.

35. Bienvenido/s.

36. Por supuesto. / Claro.

Salud sagt man, um einen Toast auszubringen. Wenn jemand niest, sagt man: **¡Jesús!** – *Gesundheit!*

Alle in den Sätzen enthaltenen Verbformen werden in den folgenden Kapiteln einzeln besprochen. Hier werden zunächst die wichtigsten Verben und Formen vorgestellt, die den Gebrauch der Sprache im Alltag gleich zu Beginn des Lernprozesses erleichtern sollen.

Im Spanischen kann die Wortstellung eines Fragesatzes mit der eines Aussagesatzes übereinstimmen. Deshalb wird im Schriftlichen an den Anfang von Fragen ein auf den Kopf gestelltes Fragezeichen und vor Ausrufesätzen ein ebensolches Ausrufezeichen gesetzt, um dem Satz die entsprechende Intonation geben zu können.

Neue Wörter

....

....

....

....

....

....

....

1. Ich bin Ana. ....

2. Bist du aus Spanien? ....

3. Nein, ich bin aus England. ....

4. Bist du Lehrerin? ....

5. Nein, ich bin Studentin. Carmen ist Lehrerin. ....

6. Carmen ist Spanierin und ist aus Madrid. ....

7. Sie ist groß und sehr hübsch. ....

8. Er ist kein Spanier. Er ist Argentinier. ....

9. Ist deine Schwester dunkelhaarig wie du? ....

10. Sie sind sehr intelligent. ....

11. Es ist leicht. ....

12. Ist er reich? ....

13. Er ist Arzt und sie ist Journalistin, aber ich weiß nicht, ob sie reich sind. ....

14. Spanisch ist sehr interessant und es ist nicht sehr schwer. ....

15. Meine Freundin ist aus Warschau. ....

16. Von wo seid ihr? ....

17. Wir sind von hier. ....

18. Madrid ist sehr groß. ....

1. Soy Ana.
2. ¿Eres de España?
3. No, soy de Inglaterra.
4. ¿Eres profesora?
5. No. Soy estudiante. Carmen es profesora.
6. Carmen es española y es de Madrid.
7. (Ella) es alta y muy guapa.
8. Él no es español. Es argentino.
9. ¿Tu hermana es morena, como tú?
10. Ellos/Ellas son muy inteligentes.
11. Es fácil.
12. ¿Él es rico? / ¿Es rico?
13. Él es médico y ella es periodista, pero no sé si son ricos.
14. El español es muy interesante y no es muy difícil.
15. Mi amiga es de Varsovia.
16. ¿De dónde sois?
17. Somos de aquí.
18. Madrid es muy grande.

Das Verb *sein* wird wie folgt konjugiert:

yo **soy**	ich bin
tú **eres**	du bist
él **es**	er ist
ella **es**	sie ist
usted **es**	Sie sind
nosotros/nosotras **somos**	wir sind
vosotros/vosotras **sois**	ihr seid
ellos **son**	sie sind
ellas **son**	sie sind
ustedes **son**	Sie sind

Fragen mit dem Verb *sein* haben dieselbe Form wie Aussagesätze, nur dass unmittelbar vor und nach dem Satz ein Fragezeichen steht.

Das Demonstrativpronomen **esto** wird gebraucht, wenn man auf eine konkrete Sache verweisen will. Wenn aber bereits aus dem Kontext hervorgeht, wovon die Rede ist, wird es nicht verwendet, z. B.:
Esto es un cuadro. – *Das ist ein Bild.*
¿Qué es esto? – *Was ist das?*
Es un cuadro. – *(Es ist) ein Bild.*

Im Spanischen sind die Substantive entweder maskulin oder feminin. Maskuline Substantive haben oft die Endung **-o**, feminine **-a**:

amigo/amiga	*Freund/Freundin*
profesor/profesora	*Lehrer/Lehrerin*
chico/chica	*Junge/Mädchen*

Jedes Substantiv ist also entweder maskulin oder feminin, ein neutrales Geschlecht existiert im Spanischen nicht. (vgl. Kap. 23)

Im Unterschied zum Deutschen muss im Spanischen, wenn man weiß, von wem die Rede ist, kein Pronomen (*ich, du, er...*) verwendet werden. Man muss nicht sagen: **Nosotros somos de aquí**, wenn es nicht unbedingt erforderlich ist.

19. Meine Wohnung ist nicht sehr groß.

    ....

20. Es ist klein.

    ....

21. Sie ist sehr jung.

    ....

22. Dein Freund ist sehr hübsch.

    ....

23. Sind deine Eltern Deutsche?

    ....

24. Von wo bist du?

    ....

25. Dieses Buch ist sehr interessant.

    ....

26. Ist sie aus London?

    ....

27. Dieser Artikel ist sehr lang, aber er ist fabelhaft.

    ....

28. Dieser Film ist kurz, aber er ist fabelhaft.

    ....

29. Wir sind Freunde, und ihr?

    ....

30. Seid ihr Geschwister?

    ....

31. Sind Sie Lehrer?

    ....

32. Carmen und Juan sind gute Freunde.

    ....

33. Ich bin María und sie ist Ana.

    ....

34. Mein Auto ist blau.

    ....

35. Du bist aus Frankreich, nicht wahr?

    ....

36. Juan ist groß, sehr hübsch und sehr sympatisch.

    ....

19. Mi piso no es muy grande.

20. Es pequeño.

21. Ella es muy joven.

22. Tu amigo es muy guapo.

23. ¿Tus padres son alemanes?

24. ¿De dónde eres?

25. Este libro es muy interesante.

26. ¿Ella es de Londres?

27. Este artículo es muy largo, pero es estupendo.

28. Esta película es corta, pero es estupenda.

29. Somos amigos, ¿y vosotros/vosotras?

30. ¿Sois hermanos?

31. ¿Usted es profesor? / ¿Es usted profesor?

32. Carmen y Juan son buenos amigos.

33. Yo soy María y ella es Ana.

34. Mi coche es azul.

35. Eres de Francia, ¿verdad?

36. Juan es alto, muy guapo y muy simpático.

Die Verneinung wird im Spanischen gebildet, indem man vor das Verb das Wort **no** setzt.

Das Adjektiv **guapo/a** bedeutet *schön, attraktiv, hübsch* und wird im Spanischen sehr oft gebraucht.

Man kann auch fragen: **¿Son alemanes tus padres?** *Sind deine Eltern Deutsche?*

Im Spanischen gibt es folgende Demonstrativpronomen im Singular:

este / esto / esta	*diese(r, s)*
ese / eso / esa	*der/die/das da*
aquel / aquello / aquella	*jene(r, s) dort*

Substantive, die durch **este / esto / esta** näher gekennzeichnet werden, bezeichnen Dinge, die sich ganz nah befinden, bei **ese / eso / esa** sind sie etwas weiter weg und bei **aquel / aquello / aquella** am weitesten weg.

Adjektive haben unterschiedliche Endungen in Abhängigkeit vom Genus des Substantivs, das sie näher kennzeichnen:
estupendo bezieht sich auf ein Maskulinum, **estupenda** auf ein Femininum.

Película (*Film*) ist im Spanischen ein feminines Substantiv, deshalb heißt es: **esta, corta, estupenda**.

Wenn man sich an eine Person mithilfe von **usted** wendet, kann man die Frage auf zweierlei Art stellen: durch Inversion (**¿Es usted ...?**) oder mit derselben Form wie in einem Aussagesatz, nur mit der entsprechenden Intonation (**¿Usted es ...?**).

Wenn man sich oder andere Personen vorstellt (persönlich oder telefonisch), gebraucht man das Verb *sein*. Man kann auch Personalpronomen hinzufügen (**yo, tú, él** ...), z. B.: **Soy Patricia.** – *Ich bin Patricia. / Hier ist Patricia* [am Telefon].

1. Dieses Buch ist sehr interessant. ....
2. Mein Vater ist nicht sehr groß. ....
3. Diese Wohnung ist sehr teuer. ....
4. Dieses Hemd ist nicht sehr teuer. ....
5. Dieses Mädchen ist sehr nett, aber jenes nicht. ....
6. María ist Spanierin und Pierre ist Franzose. ....
7. Laura ist Französin und Mario ist Italiener. ....
8. Kate ist Engländerin und Pedro ist Portugiese. ....
9. Diana ist Polin und Lucas ist Deutscher. ....
10. Diese Katze ist schwarz und jene ist weiß. ....
11. Meine Wohnung ist nicht sehr groß, aber sie ist bequem. ....
12. Dieses Hemd ist nicht neu, aber es ist sehr hübsch. ....
13. Dieses Mädchen ist sehr jung und sehr intelligent. ....
14. Ihr seid sehr intelligent und jung. ....
15. Marie und Pierre sind Franzosen. ....
16. Wir sind Polen. Und ihr? Seid ihr Spanier? ....
17. Nein, wir sind Engländer. ....
18. Diese Hosen sind alt, aber jene nicht. ....

1. Este libro es muy interesante.
2. Mi padre no es muy alto.
3. Este piso es muy caro.
4. Esta camisa no es muy cara.
5. Esta chica es muy amable, pero aquella no.
6. María es española y Pierre es francés.
7. Laura es francesa y Mario es italiano.
8. Kate es inglesa y Pedro es portugués.
9. Diana es polaca y Lucas es alemán.
10. Este gato es negro y aquel es blanco.
11. Mi piso no es muy grande, pero es cómodo.
12. Esta camisa no es nueva, pero es muy bonita.
13. Esta chica es muy joven y muy inteligente.
14. Sois muy inteligentes y jóvenes.
15. Marie y Pierre son franceses.
16. Somos polacos. ¿Y vosotros? ¿Sois españoles?
17. No, somos ingleses.
18. Estos pantalones son viejos, pero aquellos no.

Adjektive ändern ihre Endungen entsprechend des Genus der Substantive, die sie näher bestimmen. Maskuline Adjektive enden in der Regel auf -o, feminine auf -a, z. B.:

frío / fría	*kalt*
italiano / italiana	*italienisch*
negro / negra	*schwarz*
bueno / buena	*gut*

In anderen Fällen wird die feminine Form des Adjektivs durch Hinzufügung der Endung **-a** gebildet, z. B.: **español - española, alemán - alemana, inglés - inglesa**.
Adjektive auf **-e** haben dieselbe Form in beiden Genera: **amable** - *lieb*, **caliente** - *heiß*. Das betrifft auch Adjektive auf **-l**, z. B. **natural** *natürlich* oder Adjektive auf **-z**, z.B. **eficaz** *künstlich* sowie andere wie z. B. **joven** (*jung*).

Andere von Nationalitätsbezeichnungen abgeleitete Adjektive sind:

chino/a	*chinesisch*
mejicano/a	*mexikanisch*
argentino/a	*argentinisch*
colombiano/a	*kolumbianisch*
peruano/a	*peruanisch*
estadounidense	*US-amerikanisch*

Adjektive, die sich auf Substantive im Plural beziehen, haben die Endung **-s**.

Demonstrativpronomen im Plural sind:

estos / estas	*diese*
esos / esas	*die da*
aquellos / aquellas	*jene dort*

Wie auch im Singular befinden sich durch **esos/esas** gekennzeichnete Dinge näher als die durch **aquellos/aquellas** beschriebenen. Der Gebrauch hängt vom Kontext ab.

19. Diese Fotos sind alt, aber jene nicht. ....

20. Diese Autos sind sehr schnell, aber sie sind sehr teuer. ....

21. Entschuldigen Sie, sind diese Schuhe bequem? ....

22. Diese Schuhe sind hübsch, aber sehr teuer. ....

23. Sie [höfl.] sind sehr freundlich, danke. ....

24. Sind Sie Argentinier? ....

25. Sie ist eine sehr hübsche Frau. ....

26. Ist deine Wohnung groß oder klein? ....

27. Ist deine Schwester blond oder dunkelhaarig? ....

28. Ist er groß oder klein? ....

29. Ist dein Vater groß? ....

30. Ist diese Wohnung groß? ....

31. Ist dieser Film gut? ....

32. Ja, er ist sehr gut, aber auch sehr lang. ....

33. Sind diese Bücher gut? ....

34. Dieses Telefon ist nicht teuer. Es ist sehr billig. ....

35. Dieses Hemd ist rot und jenes blau. ....

36. Ist es bequem? ....

19. Estas fotos son viejas, pero aquellas no.

20. Esos coches son muy rápidos, pero son muy caros.

21. Perdone, ¿estos zapatos son cómodos?

Wenn man sich an jemanden mit *du* wendet, sagt man **perdona**, mit *Sie* im Sg. - **perdone** bzw. im Pl. - **perdonen**. Die Formen lassen sich damit erklären, dass im Spanischen der Imperativ des Verbs **perdonar** (*entschuldigen*) verwendet wird und es dann wörtlich *entschuldige* bzw. *entschuldigen Sie* heißt, also für jede Person eine andere Form erforderlich ist. Man kann aber auch die allgemeine Form **perdón** verwenden, mit der man sich an alle Personen wenden kann.

22. Estos zapatos son bonitos, pero muy caros.

23. Son ustedes muy amables, gracias. / Ustedes son muy amables, gracias.

24. ¿Es usted argentino? / ¿Usted es argentino?

25. Ella es una mujer muy guapa.

Un (maskulin) und **una** (feminin) sind unbestimmte Artikel, die zur Anwendung kommen, wenn man eine Person oder Sache zum ersten Mal erwähnt.
Unbestimmte Artikel werden, wie im Deutschen, bei zählbaren Substantiven verwendet, oft auch in Verbindung mit Adjektiven,
z. B. **una mesa grande** - *ein großer Tisch.*
Im Plural ändert sich die Bedeutung: **unos** - *einige, gewisse* (maskulin), **unas** - *einige, gewisse* (feminin).
In Verbindung mit einem Substantiv steht das Adjektiv in der Regel nach diesem Eine Ausnahme ist das Adjektiv **buen/buena**, das davor stehen kann, z. B.: **Es un buen restaurante.** -
Das ist ein gutes Restaurant.
Él es un buen actor. -
Er ist ein guter Schauspieler.
Ella es una buena actriz. -
Sie ist eine gute Schauspielerin.

26. ¿Tu piso es grande o pequeño?

27. ¿Tu hermana es rubia o morena?

28. ¿Él es alto o bajo?

29. ¿Es alto tu padre? / ¿Tu padre es alto?

30. ¿Es grande ese piso? / ¿Ese piso es grande?

31. ¿Es buena esta película? / ¿Esta película es buena?

32. Sí, es muy buena, pero también muy larga.

33. ¿Son buenos estos libros?

Zur Erinnerung: an Adjektive wird die Endung **-s** angefügt, wenn sie Substantive im Plural näher charakterisieren, z. B. **buenos**.
Man kann auch fragen: **¿Estos libros son buenos?**

34. Este teléfono no es caro. Es muy barato.

35. Esta camisa es roja y aquella azul.

Wie auch im Singular befinden sich durch **esos/esas** gekennzeichnete Dinge näher als die durch **aquellos/aquellas** beschriebenen. Der Gebrauch hängt vom Kontext ab.

36. ¿Es cómoda?

1. Sprichst du Spanisch? ....
2. Ich spreche nur Englisch, aber meine Schwester spricht drei Sprachen. ....
3. Ich arbeite in einer Schule. ....
4. Arbeitest du mit María? ....
5. Nein, sie arbeitet in einer anderen Schule. ....
6. Der Film hat ein schlechtes Ende. ....
7. Tanzt ihr Salsa? ....
8. Wir nicht, aber sie tanzen Salsa und Bachata. ....
9. María und Juan lernen Englisch. ....
10. Wir lernen Spanisch. Es ist sehr interessant. ....
11. Morgens höre ich immer Radio. ....
12. Das Wetter ändert sich. ....
13. Herr González, arbeiten Sie hier? ....
14. Er kauft immer hübsche Dinge. ....
15. Er ist Lehrer und lehrt Mathematik. ....
16. Arbeitest du viel? ....
17. Ja, ich arbeite viel und ich lerne auch Englisch. ....
18. Aber ich übe nicht viel. ....

1. ¿Hablas español?
2. Yo solo hablo inglés, pero mi hermana habla tres idiomas.
3. Trabajo en una escuela.
4. ¿Trabajas con María?
5. No, ella trabaja en otra escuela.
6. La película termina mal.
7. ¿Bailáis salsa?
8. Nosotros/Nosotras no, pero ellos/ellas bailan salsa y bachata.
9. María y Juan estudian inglés.
10. Estudiamos español. Es muy interesante.
11. Por la mañana escucho siempre la radio.
12. El tiempo cambia.
13. Señor González, ¿usted trabaja aquí?
14. Él siempre compra cosas bonitas.
15. Él es profesor y enseña matemáticas.
16. ¿Trabajas mucho?
17. Sí, trabajo mucho y también estudio inglés.
18. Pero no practico mucho.

Hier eine Liste der wichtigsten regelmäßigen Verben auf **-ar**:

hablar	*sprechen*	comprar	*kaufen*
bailar	*tanzen*	fumar	*rauchen*
andar	*gehen*	llamar	*anrufen*
trabajar	*arbeiten*	necesitar	*benötigen*
terminar	*beenden*	cantar	*singen*
estudiar	*lernen*	viajar	*reisen*
practicar	*ausführen, betreiben, üben*	pasar (tiempo)	*(Zeit) verbringen*
enseñar	*lehren*	pagar	*zahlen*
esperar	*hoffen*	preguntar	*fragen*
llegar	*ankommen*	gastar	*ausgeben*

Sie werden auf folgende Art und Weise konjugiert:

yo habl**o**	*ich spreche*
tú habl**as**	*du sprichst*
él/ella/usted habl**a**	*er/sie spricht; Sie sprechen*
nosotros/nosotras habl**amos**	*wir sprechen*
vosotros/vosotras habl**áis**	*ihr sprecht*
ellos/ellas/ustedes habl**an**	*sie/Sie sprechen*

Fragen können dieselbe Wortstellung wie Aussagesätze haben. Zur Unterscheidung werden am Anfang und Ende des Satzes jeweils Fragezeichen gesetzt (am Anfang auf den Kopf gestellte).

Der Gebrauch des Personalpronomens hängt vom Kontext ab und ist nicht obligatorisch. Wenn man weiß, von wem die Rede ist, bzw. wenn eine konkrete Person gemeint ist, kann man sagen: **es profesor**, ohne das Pronomen **él**.

Die verneinte Form wird gebildet, indem **no** vor das Verb gesetzt wird.

19. Wir warten immer 10 Minuten an der Haltestelle.
   ....

20. Der Bus kommt immer zu spät.
   ....

21. Kauft ihr das Brot in diesem Supermarkt?
   ....

22. Sie kauft immer in diesem Geschäft.
   ....

23. Heute sind wir früher fertig.
   ....

24. Wir verbringen viel Zeit zusammen.
   ....

25. Rauchst du? Ich hoffe nicht.
   ....

26. Ich brauche Geld.
   ....

27. Warum brauchst du Geld?
   ....

28. Weil wir nicht arbeiten und Hilfe brauchen.
   ....

29. Ich bezahle immer mit Karte, nie bar.
   ....

30. Der Zug kommt um 15 Uhr an.
   ....

31. Verbringt er hier viel Zeit?
   ....

32. Warum rufst du meine Schwester an?
   ....

33. Sie hören diese Art von Musik nicht.
   ....

34. Sie tanzt nicht gut, aber sie singt toll.
   ....

35. Reisen Sie viel?
   ....

36. Ich reise nicht viel, weil die Fahrkarten sehr teuer sind.
   ....

19. Siempre esperamos diez minutos en la parada.

20. El autobús siempre llega tarde.

21. ¿Compráis el pan en este supermercado?

22. Ella siempre compra en esta tienda.

23. Hoy terminamos antes.

24. Pasamos mucho tiempo juntos/juntas.

25. ¿Fumas? Espero que no.

26. Necesito dinero.

27. ¿Por qué necesitas dinero?

28. Porque no trabajamos y necesitamos ayuda.

29. Siempre pago con tarjeta, nunca en efectivo.

30. El tren llega a las 15h.

31. ¿Él pasa mucho tiempo aquí?

32. ¿Por qué llamas a mi hermana?

33. Ellos/Ellas no escuchan este tipo de música.

34. Ella no baila bien, pero canta genial.

35. ¿Usted viaja mucho?

36. No viajo mucho porque los billetes son muy caros.

Substantive treten im Spanischen in zwei Genera auf: Maskulinum und Femininum. Ein Neutrum wie im Deutschen gibt es nicht. Das Genus für konkrete Substantive im Spanischen entspricht manchmal dem Genus im Deutschen, sehr oft aber auch nicht. Hier einige Beispiele, die dies zeigen:

el restaurante - das Restaurant	**la** parada - die Haltestelle
el dinero - das Geld	**la** ciudad - die Stadt
el periódico - die Zeitung	**la** casa - das Haus
el sofá - das Sofa	**la** radio - das Radio
el minuto - die Minute	**la** oficina - das Büro

¿Por qué? in der Bedeutung *warum* schreibt man getrennt und mit Akzentzeichen. **Porque** in der Bedeutung *weil* wird zusammengeschrieben und ohne Akzent. Die Aussprache ist dieselbe, es ändert sich nur die Intonation.

Bitte beachten Sie den Gebrauch der Präpositionen:

con tarjeta	*mit Karte*
en efectivo	*bar*

Das Substantiv **tiempo** hat zwei Bedeutungen: *Zeit* und *Wetter*. Vergleichen Sie die Sätze 12, 24 und 31.

Das Verb **llamar** wird mit der Präposition **a** (**llamar a alguien** – *jemanden anrufen*) verwendet.

Die bestimmten Artikel im Spanischen sind **el** für das maskuline Genus, z. B. **el deporte** – *Sport*, und **la** für das feminine Genus, z. B. **la tarjeta** – *Karte*. Sie werden gebraucht, wenn man über konkrete Personen *oder* konkrete bzw. spezifische Dinge spricht. Im Plural haben sie die Formen **los** für das maskuline Genus und **las** für das feminine. Mehr zu diesem Thema in Kapitel 22.

1. Morgens trinke ich Kaffee, und du? ....
2. Ich trinke Kaffee oder Tee. ....
3. Die Kinder sehen fern, aber sie hören kein Radio. ....
4. Wir müssen María anrufen. ....
5. Verkaufst du dein Auto? Warum? ....
6. Ich muss mit ihm sprechen. ....
7. Warum musst du mit ihm sprechen? ....
8. Sie liest viele Bücher. ....
9. Er sieht das Problem nicht, aber ich schon. ....
10. Die Kinder trinken Milch. ....
11. Wir essen immer in diesem Restaurant. ....
12. Trinkt ihr morgens Kaffee? ....
13. Du musst das Essen in den Kühlschrank stellen. ....
14. Ich stelle das Essen immer in den Kühlschrank. ....
15. Sie lesen Bücher auf Englisch. ....
16. Wir sehen kein fern. Ich glaube, die Programme sind nicht interessant. ....
17. Verkaufen Sie [Pl.] diese Wohnung? ....
18. Siehst du? Es ist leicht. ....

1. Por la mañana bebo café, ¿y tú?
2. Yo bebo café o té.
3. Los niños ven la tele, pero no escuchan la radio.
4. Debemos llamar a María.
5. ¿Vendes tu coche? ¿Por qué?
6. Debo hablar con él.
7. ¿Por qué debes hablar con él?
8. Ella lee muchos libros.
9. Él no ve el problema, pero yo sí.
10. Los niños beben leche.
11. Siempre comemos en este restaurante.
12. ¿Bebéis café por la mañana?
13. Debes meter la comida en la nevera.
14. Siempre meto la comida en la nevera.
15. Ellos/Ellas leen libros en inglés.
16. No vemos la tele. Creo que los programas no son interesantes.
17. ¿Ustedes venden este piso?
18. ¿Ves? Es fácil.

Hier eine Liste von Beispielen für Verben auf **-er**:

comer	*essen*
beber	*trinken*
leer	*lesen*
deber	*müssen*
meter	*(hinein)stecken*
vender	*verkaufen*
ver	*sehen*
creer	*glauben*

Diese Verben werden wie folgt konjugiert:

yo com**o**	*ich esse*
tú com**es**	*du isst*
él/ella/usted com**e**	*er/sie isst/ Sie essen*
nosotros/nosotras com**emos**	*wir essen*
vosotros/vosotras com**éis**	*ihr esst*
ellos/ellas/ ustedes com**en**	*sie/Sie essen*

Hat das Wort **él** die Funktion eines Pronomens, trägt es einen Akzent. Der bestimmte Artikel **el** trägt dagegen keinen Akzent, z. B. **el coche** – *Auto*, **el problema** – *Problem*.

Das Verb **comer** heißt allgemein *essen*, wird aber auch in der Bedeutung *Mittag essen* gebraucht, z. B. **¿A qué hora comes hoy?** – *Wann isst du heute (zu) Mittag?* *Frühstücken* heißt auf Spanisch **desayunar** und *Abend essen* – **cenar**. Die Substantive dazu sind: **comida** – *Essen/Mittagessen*, **desayuno** – *Frühstück*, **cena** – *Abendessen*.

Bei Adjektiven, die sich auf ein Substantiv im Plural beziehen, darf die Endung **-s** nicht vergessen werden (**programas interesantes**).

Bei dem Gebrauch des Verbs **ver** ist zu beachten, dass es bei der Konjugation das **e** behält: **veo, ves, vemos** ...

19. Glaubst du, dass es leicht ist? Ich sehe keinen Unterschied. ....

20. Ich lebe in Granada mit meiner Schwester. ....

21. María und Juan leben in Spanien. ....

22. Leben sie in Madrid? ....

23. Lebt ihr in einer großen Stadt? ....

24. Schreibst du E-Mails auf Spanisch? ....

25. Nein, ich schreibe keine E-Mails. Ich rufe immer an. ....

26. Der Supermarkt öffnet morgens. ....

27. Haben Sie [Pl.] morgen geöffnet? ....

28. Wir haben morgen nicht geöffnet. Morgen ist Feiertag. ....

29. Wir leben zusammen. ....

30. Ich weiß nicht, ob sie hier leben. ....

31. Schreibt ihr Briefe? ....

32. Wir schreiben keine Briefe. ....

33. Jetzt schreiben wir nur E-Mails. ....

34. Gehst du hinauf? ....

35. Die Preise steigen sehr. ....

36. Erhältst du viele Nachrichten? ....

19. ¿Crees que es fácil? Yo no veo la diferencia.

20. Vivo en Granada con mi hermana.

21. María y Juan viven en España.

22. ¿Viven en Madrid?

23. ¿Vivís en una ciudad grande?

24. ¿Escribes correos electrónicos en español?

25. No, no escribo correos. Siempre llamo.

26. El supermercado abre por la mañana.

27. ¿Ustedes abren mañana?

28. No abrimos mañana. Mañana es fiesta.

29. Vivimos juntos/juntas.

30. No sé si viven aquí.

31. ¿Escribís cartas?

32. No escribimos cartas.

33. Ahora escribimos solo correos electrónicos.

34. ¿Subes?

35. Los precios suben mucho.

36. ¿Recibes muchos mensajes?

Hier eine Liste von gebräuchlichen regelmäßigen Verben auf **-ir**:

vivir	*leben*
escribir	*schreiben*
abrir	*öffnen*
descubrir	*entdecken*
imprimir	*drucken*
subir	*ansteigen*

Sie werden, mit Ausnahme der Formen für **nosotros** und **vosotros**, ebenso wie die Verben auf **-er** konjugiert:

yo viv**o**	*ich lebe*
tú viv**es**	*du lebst*
él/ella/usted viv**e**	*er/sie lebt, Sie leben*
nosotros/nosotras viv**imos**	*wir leben*
vosotros/vosotras viv**ís**	*ihr lebt*
ellos/ellas/ustedes viv**en**	*sie/Sie leben*

Das kann man auch auf unpersönliche Art und Weise ausdrücken: **Abren el supermercado por la mañana.**

Das Substantiv **fiesta** hat zwei Bedeutungen: *Feier/Fest* und *Feiertag*.
Das Adverb **mañana** heißt in Abhängigkeit vom Kontext entweder *morgen* oder *früh*.

Wenn das Wort **sí** *ja* bedeutet, schreibt man es mit Akzentzeichen. Hat es dagegen die Bedeutung *ob* oder *wenn*, steht kein Akzent, z. B.:
Sí, tengo hambre. – *Ja, ich habe Hunger.*
No sé si son ricos. – *Ich weiß nicht, ob sie reich sind.*
Si necesitas ayuda, llámame. – *Wenn du Hilfe brauchst, ruf mich an.*

Neue Wörter

....

....

1. Sieben Kisten. ....

2. Siebzig Bücher. ....

3. 700 Euro. ....

4. Zwei Großväter. / Zwei Großmütter. ....

5. Neunzehn Omnibusse. ....

6. Achtzig Frauen. / Achtzig Männer. ....

7. Sechs Tische. ....

8. Zwanzig Hotels. ....

9. Ein Junge. / Ein Mädchen. ....

10. Sechzehn Lehrer. ....

11. Neun Tage und acht Stunden. ....

12. Zweihundert Fotos. ....

13. Drei Zimmer. ....

14. Hundert Fahrräder. ....

15. Dreißig Kilometer. ....

16. Siebzehn Sprachen. ....

17. Tausend Autos. ....

18. Vier Computer. ....

1. Siete cajas.
2. Setenta libros.
3. Setecientos euros.
4. Dos abuelos. / Dos abuelas.
5. Diecinueve autobuses.
6. Ochenta mujeres. / Ochenta hombres.
7. Seis mesas.
8. Veinte hoteles.
9. Un chico. / Una chica.
10. Dieciséis profesores.
11. Nueve días y ocho horas.
12. Doscientas fotos.
13. Tres habitaciones.
14. Cien bicicletas.
15. Treinta kilómetros.
16. Diecisiete idiomas.
17. Mil coches.
18. Cuatro ordenadores.

Den Plural bildet man im Spanischen in der Regel mithilfe der Endung **-s**, die an die Singularform des Substantivs angehängt wird.

In der Regel sind Zahlwörter unabhängig vom Genus des Substantivs.
Es heißt **dos** für ein maskulines Wort (**abuelos**) und **dos** für ein feminines (**abuelas**).
Ausnahmen werden im Kommentar zu Satz 9 genannt.

Wenn ein Substantiv auf einen Konsonanten endet,
z. B.: **reloj - relojes** (*Uhr - Uhren*),
ciudad - ciudades (*Stadt - Städte*),
sillón - sillones (*Sessel - Sessel*),
mujer - mujeres (*Frau - Frauen*),
wird der Plural durch Hinzufügung der Endung **-es** gebildet.

Die Form des Zahlwortes *ein* ist im Spanischen jeweils eine andere für ein maskulines bzw. feminines Substantiv. Das betrifft auch alle Zahlwörter für die Hunderter, die auf **-ientos** enden, z. B. **doscientos dólares** - *zweihundert Dollar* (**dólar** ist maskulin), **doscientas coronas** - *zweihundert Kronen* (**corona** ist feminin).

Foto ist die Abkürzung des femininen Substantivs **fotografía**, deshalb heißt es **doscientas** und nicht **doscientos**.

Hundert heißt **cien**. Alle Zahlwörter zwischen hundert und zweihundert haben die Form **ciento**, z. B. *hunderteins* - **ciento uno**, *hundertzwanzig* - **ciento veinte**.
Weitere Hunderter sind: **trescientos, cuatrocientos, quinientos, seiscientos, setecientos, ochocientos, novecientos**.

Das Zahlwort **mil** heißt im Plural **miles** und in Verbindung mit Substantiven wird die Präposition **de** hinzufügt, z. B.
miles de personas - *Tausende Leute*,
miles de veces - *tausendmal*.
Weitere Zahlwörter sind:
un millón - eine *Million*, **mil millones** - *Milliarde*,
z. B. **cinco mil millones** - *fünf Milliarden*.

19. Einundzwanzig Minuten.

....

20. Elf Freunde. / Elf Freundinnen.

....

21. Neunzig Städte.

....

22. Fünf Minuten.

....

23. Achtzehn Jahre.

....

24. Vierzehn (U-Bahn) Haltestellen.

....

25. Zweiundzwanzig Seiten.

....

26. Zehn Punkte.

....

27. Hundert und zehn Kilometer.

....

28. Zwölf Monate.

....

29. Vierzigtausend.

....

30. Einhundert und fünfzig Personen.

....

31. Fünfhundert Männer. / Fünfhundert Frauen.

....

32. Dreizehn Mal.

....

33. Fünfzig Mal.

....

34. Fünfzehn Wochen.

....

35. Fünfunddreißig Cent.

....

36. Sechzig Millionen.

....

19. Veintiún minutos.

20. Once amigos. / Once amigas.

21. Noventa ciudades.

22. Cinco minutos.

23. Dieciocho años.

24. Catorce estaciones (de metro).

25. Veintidós páginas.

26. Diez puntos.

27. Ciento diez kilómetros.

28. Doce meses.

29. Cuarenta mil.

30. Ciento cincuenta personas.

31. Quinientos hombres. / Quinientas mujeres.

32. Trece veces.

33. Cincuenta veces.

34. Quince semanas.

35. Treinta y cinco céntimos.

36. Sesenta millones.

Das Zahlwort **veintiún** wird verwendet, wenn ihm ein Substantiv folgt. Wenn es alleine steht, z. B. bei Zahlen, lautet die Form **veintiuno**. So ist es auch, wenn das Zahlwort **un** auftritt, z. B. **cincuenta y un millones** – *einundfünfzig Millionen*.
Beim Zählen dagegen:
cincuenta y uno – *einundfünfzig*,
cincuenta y dos – *zweiundfünfzig* usw.

In Verbindung mit dem Zahlwort **veinte** – *zwanzig* werden die Ziffern *zwei, drei, vier* usw. zusammengeschrieben, d. h. sie bilden ein Wort. Außerdem wird der Vokal **e** durch **i** ersetzt:

veintiuno	*21*
veintidós	*22*
veintitrés	*23*
veinticuatro	*24*
veinticinco, etc.	*25*

Bei den spanischen Zahlwörtern mit 30 bis zu denen mit 90 wird zwischen den Ziffern ein **y** eingefügt, z. B.:
55 – **cincuenta y cinco**, 82 – **ochenta y dos**,
31 – **treinta y uno**, 43 – **cuarenta y tres**,
78 – **setenta y ocho** usw.

Wenn eine Zahl mit *tausend* angegeben wird, steht das Wort **mil** immer im Singular, also **ocho mil** – *achttausend* und nicht **ocho miles**. **Miles** gebraucht man dann, wenn von Tausenden, also keiner konkreten Zahl, die Rede ist, z. B. **miles de personas** – *Tausende Leute*.

Der Singular des Substantivs *Mal* ist **vez**, der Plural **veces**.
Weitere Fälle dieses Typs sind
cruz → **cruces** (*Kreuz – Kreuze*), **luz** → **luces** (*Licht – Lichter*), z. B. **muchas luces** – *viele Lichter*.
Solche Substantive, die im Singular auf **-z** enden, haben also den Wortauslaut **-ces** im Plural.

Neue Wörter

....

....

1. Ich habe ein Problem.
2. Hast du Zeit?
3. Heute habe ich nicht viel Zeit.
4. Heute haben wir keine Zeit.
5. Habt ihr einen Kugelschreiber?
6. Sonia hat kein Auto.
7. David hat zwei Autos, aber er hat keine Arbeit.
8. Meine Wohnung ist sehr groß und hat drei Schlafzimmer.
9. Meine Schwester hat schwarzes Haar und blaue Augen.
10. Ich bin 30 Jahre alt.
11. Mein Sohn ist fünf Jahre alt.
12. Wir haben ein Problem.
13. Hast du Geld?
14. Spanien hat 47 Millionen Einwohner.
15. Hast du etwas zu trinken?
16. Morgen haben wır eıne Prufung.
17. Ich habe eine Frage.
18. Habt ihr ein Auto?

1. Tengo un problema.
2. ¿Tienes tiempo?
3. Hoy no tengo mucho tiempo.
4. No tenemos tiempo hoy.
5. ¿Tenéis un bolígrafo?
6. Sonia no tiene coche.
7. David tiene dos coches, pero no tiene trabajo.
8. Mi piso es muy grande y tiene tres dormitorios.
9. Mi hermana tiene el pelo negro y los ojos azules.
10. Tengo treinta años.
11. Mi hijo tiene cinco años.
12. Tenemos un problema.
13. ¿Tienes dinero?
14. España tiene cuarenta y siete millones de habitantes.
15. ¿Tienes algo para beber?
16. Mañana tenemos un examen.
17. Tengo una pregunta.
18. ¿Tenéis coche?

Im Spanischen gibt es viele unregelmäßige Verben. Eines davon ist das Verb **tener** – *haben*. Im Fall dieses Verbs ist die Form der 1. Pers. Sg. unregelmäßig und es treten Vokalwechsel von **e** zu **ie** in der 2. Pers. Sg. (**tú**) und 3. Pers. Sg. sowie Pl. (**él, ella, usted, ellos, ellas, ustedes**) auf:

yo **tengo**	*ich habe*
tú t**ie**nes	*du hast*
él/ella/usted t**ie**ne	*er/sie hat; Sie haben*
nosotros/nosotras tenemos	*wir haben*
vosotros/vosotras tenéis	*ihr habt*
ellos/ellas/ustedes t**ie**nen	*sie/Sie haben*

Abgesehen von den Vokalwechseln bei den entsprechenden Personen, s. oben, sind die Endungen bei allen Personen dieselben wie bei regelmäßigen Verben auf **-er**, die in Kapitel 5 beschrieben werden.

Die unbestimmten Artikel (**un, una**) und die bestimmten (**el, la**) werden in Kapitel 22 besprochen.

Das Alter wird im Spanischen mit **tener** angegeben, nicht wie im Deutschen mit dem Verb *sein*, z.B. **María tiene 17 años.** *María ist 17 Jahre alt.*

19. Ich möchte einen Kaffee mit Milch. ....

20. Möchtest du Tee? ....

21. Ich möchte keinen Tee. Ich möchte ein Wasser mit Kohlensäure. ....

22. Er möchte Arzt werden und sie möchte Lehrerin werden. ....

23. Ich möchte nicht gehen. ....

24. Warum möchtest du nicht gehen? ....

25. Sie möchten mit dem Chef sprechen. ....

26. Möchtet ihr fernsehen? ....

27. Nein, wir möchten Radio hören. ....

28. Was möchtet ihr machen? ....

29. Möchten Sie [Sg.] etwas trinken? ....

30. Ich möchte dieses Auto haben. ....

31. Sie möchten eine Wohnung kaufen. ....

32. Möchtet ihr mit Karte bezahlen? ....

33. Ich möchte dort nicht arbeiten. ....

34. Was möchtest du? ....

35. Möchten Sie [Pl.] etwas essen? ....

36. Wir möchten diese Wohnung nicht verkaufen. Wir möchten hier leben. ....

19. Quiero un café con leche.

20. ¿Quieres té?

21. No quiero té. Quiero agua con gas.

22. Él quiere ser médico y ella quiere ser profesora.

23. No quiero ir.

24. ¿Por qué no quieres ir?

25. Ellos/Ellas quieren hablar con el jefe.

26. ¿Queréis ver la tele?

27. No. Queremos escuchar la radio.

28. ¿Qué queréis hacer?

29. ¿Quiere (usted) beber algo?

30. Quiero tener este coche.

31. Ellos/Ellas quieren comprar un piso.

32. ¿Queréis pagar con tarjeta?

33. No quiero trabajar allí.

34. ¿Qué quieres?

35. ¿Quieren (ustedes) comer algo?

36. No queremos vender este piso.
Queremos vivir aquí.

Das Verb **querer** (wollen) wird, ebenso wie das Verb **tener**, unregelmäßig konjugiert. Hier gibt es einen Vokalwechsel von **e** zu **ie** in allen Personen außer der 1. und 2. Pers. Pl. Die Endungen sind bei allen Personen dieselben wie bei regelmäßigen Verben auf **-er**.

yo qu**ie**ro	*ich will*
tú qu**ie**res	*du willst*
él/ella/usted qu**ie**re	*er/sie will; Sie wollen*
nosotros/nosotras queremos	*wir wollen*
vosotros/vosotras queréis	*ihr wollt*
ellos/ellas/ustedes qu**ie**ren	*sie wollen; Sie wollen*

Mit dem Verb **querer** kann man sowohl ein Substantiv (z. B. **Quiero agua.** – *Ich will Wasser.*) als auch ein Verb im Infinitiv (z. B. **Quiero ir.** – *Ich will gehen.*) verbinden.

Fragen haben in vielen Fällen dieselbe Wortstellung wie Aussagesätze. **La tele** ist die Abkürzung für **la televisión**.

In Fragen kann man die Person nach dem Verb angeben, vor allem dann, wenn die Form **usted** gebraucht wird. Man kann Fragen aber auch ohne Personenangabe wie im zweiten Fall formulieren:
¿Y usted quiere beber algo? –
Und Sie, möchten Sie etwas trinken?
¿Quiere beber algo? –
Möchten Sie etwas trinken?

Neue Wörter

....

....

....

....

....

1. Ich bin hier.
   ....
2. Andrea ist im Büro.
   ....
3. Die Bank ist rechts.
   ....
4. Wo bist du?
   ....
5. Das Buch ist auf dem Tisch.
   ....
6. Wir sind zu Hause. Und ihr? Seid ihr zu Hause?
   ....
7. Der Supermarkt ist geschlossen.
   ....
8. Ist das Geschäft geöffnet?
   ....
9. Die Schlüssel sind in der Küche.
   ....
10. Sie sind nicht hier.
    ....
11. Wo ist mein Telefon?
    ....
12. Ich bin fertig.
    ....
13. Die Suppe ist kalt.
    ....
14. Wie geht es dir?
    ....
15. Es geht mir gut. Und dir?
    ....
16. Es geht mir nicht sehr gut. Ich bin krank.
    ....
17. Die Toiletten sind links.
    ....
18. Vorsicht! Der Kaffee ist heiß.
    ....

1. Estoy aquí.
2. Andrea está en la oficina.
3. El banco está a la derecha.
4. ¿Dónde estás?
5. El libro está en la mesa.
6. Estamos en casa. ¿Y vosotros/vosotras? ¿Estáis en casa?
7. El supermercado está cerrado.
8. ¿Está abierta la tienda? / ¿La tienda está abierta?
9. Las llaves están en la cocina.
10. No están aquí.
11. ¿Dónde está mi teléfono?
12. Estoy listo. / Estoy lista.
13. La sopa está fría.
14. ¿Cómo estás?
15. Estoy bien, ¿y tú?
16. No estoy muy bien. Estoy enfermo. / Estoy enferma.
17. Los servicios están a la izquierda.
18. ¡Cuidado! El café está caliente.

Das Verb **estar** wird wie folgt konjugiert:

yo **estoy**	*ich bin*
tú est**ás**	*du bist*
él/ella/usted est**á**	*er/sie ist; Sie sind*
nosotros/nosotras esta**mos**	*wir sind*
vosotros/vosotras est**áis**	*ihr seid*
ellos/ellas/ustedes est**án**	*sie sind; Sie sind*

Dieses Verb wird im Unterschied zum Verb **ser** dann gebraucht, wenn über einen Ort oder eine Lage gesprochen wird, wie in den Sätzen 1 bis 5, bzw. dann, wenn man sich auf Dinge oder Zustände bezieht, die variabel bzw. veränderbar sind. Man verwendet das Verb **estar** z. B. wenn man bei der Arbeit ist, was ja nur ein zeitlich begrenzter Zustand ist, den man kurzfristig ändern kann. Dasselbe trifft auf diese Verbindungen zu:

estar contento/a	*zufrieden sein*
estar nervioso/a	*nervös sein*
estar bien	*wohlauf sein*
estar frío/a	*kalt sein*
estar caliente	*heiß sein*
estar enfermo/a	*krank sein*
estar cansado/a	*müde sein*
estar loco/a	*verrückt sein*
estar de acuerdo	*einverstanden sein*
estar abierto/a	*offen sein*
estar cerrado/a	*geschlossen sein*
estar enamorado/a	*verliebt sein*
estar preocupado/a	*besorgt sein*
estar listo/a	*bereit sein*

Das Gegenteil davon ist:
Estoy mal oder **No estoy bien**.

19. Ich bin einverstanden.

....

20. Ich bin nicht sicher.

....

21. Meine Schwester ist krank.

....

22. Die U-Bahn ist nicht weit.

....

23. Juan ist nicht da.

....

24. Wir sind sehr müde.

....

25. Seid ihr fertig?

....

26. Carmen und María sind in der Schule.

....

27. Ich bin nicht zufrieden.

....

28. Ich bin einverstanden. Diese Pizza ist sehr lecker.

....

29. Ist dein Haus in der Nähe vom Bahnhof?

....

30. Nein, es ist weit weg vom Bahnhof.

....

31. London ist in England.

....

32. Sie sind verheiratet. Sie sind sehr verliebt.

....

33. Wie geht es deiner Schwester?

....

34. Meiner Schwester und meinem Bruder geht es gut.

....

35. Ist dein Bruder verheiratet?

....

36. Sind deine Eltern zu Hause?

....

19. Estoy de acuerdo.

Wenn man das Adjektiv **seguro/a** (*sicher, gewiss*) in dieser Bedeutung gebraucht, kommt das Verb **estar** zum Einsatz.

20. No estoy seguro. / No estoy segura.

21. Mi hermana está enferma.

In Verbindung mit den Adverbien **cerca** (nah) und **lejos** (*weit*) kommt immer **estar** zum Einsatz, denn es ist von einer Lage die Rede.

22. El metro no está lejos.

23. Juan no está allí.

24. Estamos muy cansados. / Estamos muy cansadas.

Wenn es sich beim Subjekt um weibliche Personen handelt, hat das Adjektiv auch die feminine Form (**cansadas**), wenn es sich dagegen ausschließlich um männliche Personen oder eine gemischtgeschlechtliche Gruppe handelt, wird das Adjektiv in der maskulinen Form gebraucht (**cansados**).

25. ¿Estáis listos/listas?

26. Carmen y María están en el colegio.

Umgangssprachlich heißt es auch **el cole** – *die Schule*. Man könnte in dem Satz auch **en la escuela** sagen. **Colegio** ist *die Grundschule*, **instituto** ist *das Gymnasium* bzw. *die Mittelschule*.

27. No estoy contento. / No estoy contenta.

28. Estoy de acuerdo. Esta pizza está muy rica / buena.

In einigen Fällen ändert der Gebrauch von **estar** und **ser** mit demselbem Adjektiv die Bedeutung, z. B.:
ser rico/a – *reich sein*,
estar rico/a – *gut/schmackhaft sein* (Essen),
ser bueno/a – *gut/schön sein*,
estar bueno/a – *gut/schmackhaft sein* (Essen).

29. ¿Tu casa está cerca de la estación?

30. No, está lejos de la estación.

Wenn die Rede von einer Lage oder einem Ort ist, wird immer nur **estar** gebraucht.

31. Londres está en Inglaterra.

32. Ellos/Ellas están casados/casadas. Están muy enamorados/enamoradas.

Wenn es um den Familienstand geht, dann wird der Gebrauch von **estar** bevorzugt:

estar casado/a	*verheiratet sein*
estar soltero/a	*ledig sein*
estar divorciado/a	*geschieden sein*

33. ¿Cómo está tu hermana?

34. Mi hermana y mi hermano están bien.

Man kann die Frage auch so stellen:
¿Tu hermano está casado?

35. ¿Está casado tu hermano?

Man kann auch sagen:
¿Tus padres están en casa?

36. ¿Están tus padres en casa?

1. Was ist das? ....

2. Wer ist dieser Mann? ....

3. Was ist los? ....

4. Wo ist Antonio? ....

5. Wann ist die Besprechung? ....

6. Wie geht es Juan? ....

7. Wie viel kostet es? ....

8. Wie viel Zeit haben wir? ....

9. Wie viele Fotos brauchst du? ....

10. Wie viele Freunde hast du? ....

11. Wie viele Leute arbeiten hier? ....

12. Woher bist du? ....

13. Um wie viel Uhr kommt der Bus an? ....

14. Wann findet das Konzert statt? ....

15. Warum bist du hier? ....

16. Was ist das? ....

17. Wo ist meine Tasche? ....

18. Wie heißt du? ....

1. ¿Qué es esto?
2. ¿Quién es este hombre?
3. ¿Qué pasa?
4. ¿Dónde está Antonio?
5. ¿Cuándo es la reunión?
6. ¿Cómo está Juan?
7. ¿Cuánto es?
8. ¿Cuánto tiempo tenemos?
9. ¿Cuántas fotos necesitas?
10. ¿Cuántos amigos tienes?
11. ¿Cuánta gente trabaja aquí?
12. ¿De dónde eres?
13. ¿A qué hora llega el autobús?
14. ¿Cuándo es el concierto?
15. ¿Por qué estás aquí?
16. ¿Qué es eso?
17. ¿Dónde está mi bolso?
18. ¿Cómo te llamas?

Die wichtigsten Fragepronomen im Spanischen sind:

¿Qué?	*Was?*
¿Quién?	*Wer?*
¿Quienes?	*Wer?*
¿Dónde?	*Wo?*
¿Cuánto? / ¿Cuánta?	*Wie viel/e?*
¿Cuántos? / ¿Cuántas?	*Wie viele?*
¿De dónde?	*Woher?*
¿A qué hora?	*Um wie viel Uhr?*
¿Por qué?	*Warum?*
¿Cuál? / ¿Cuáles?	*Welche(r, s)?*
¿De qué color?	*Welche Farbe?*
¿De quién?	*Von wem?*
¿Qué tipo de?	*Was für ein/e? / Was für eine Art?*

Im Schriftlichen tragen alle Fragewörter Akzentzeichen.

Gente (*Leute*) ist im Spanischen ein feminines Substantiv im Singular, deshalb wird es mit Pronomen und Verben in der 3. Pers. Sg. gebraucht, z. B.
Esta gente vive aquí. – *Diese Leute wohnen hier.*
Zählbare Substantive sind **persona** – *Person*, **personas** – *Personen*.

In dem Satz wird das reflexive Verb **llamarse** verwendet. Mehr zu diesem Thema in Kapitel 20.

19. Wo wohnt ihr?

   ....

20. Welchen Wein magst du lieber?

   ....

21. Welches ist deine Lieblingsfarbe?

   ....

22. Wie alt bist du?

   ....

23. Wer ist das?

   ....

24. Um wie viel Uhr öffnet der Supermarkt?

   ....

25. Wen rufst du an?

   ....

26. Wo arbeitest du?

   ....

27. Warum fragst du?

   ....

28. Wie ist deine Telefonnummer?

   ....

29. Wie ist deine Adresse?

   ....

30. Welches Buch möchtest du kaufen?

   ....

31. Wer sind diese Jungs?

   ....

32. Was für eine Käsesorte ist das?

   ....

33. Welche Farbe hat dein Auto?

   ....

34. Wem gehört dieses Buch?

   ....

35. Woher ist Pablo?

   ....

36. Warum bist du nicht fertig?

   ....

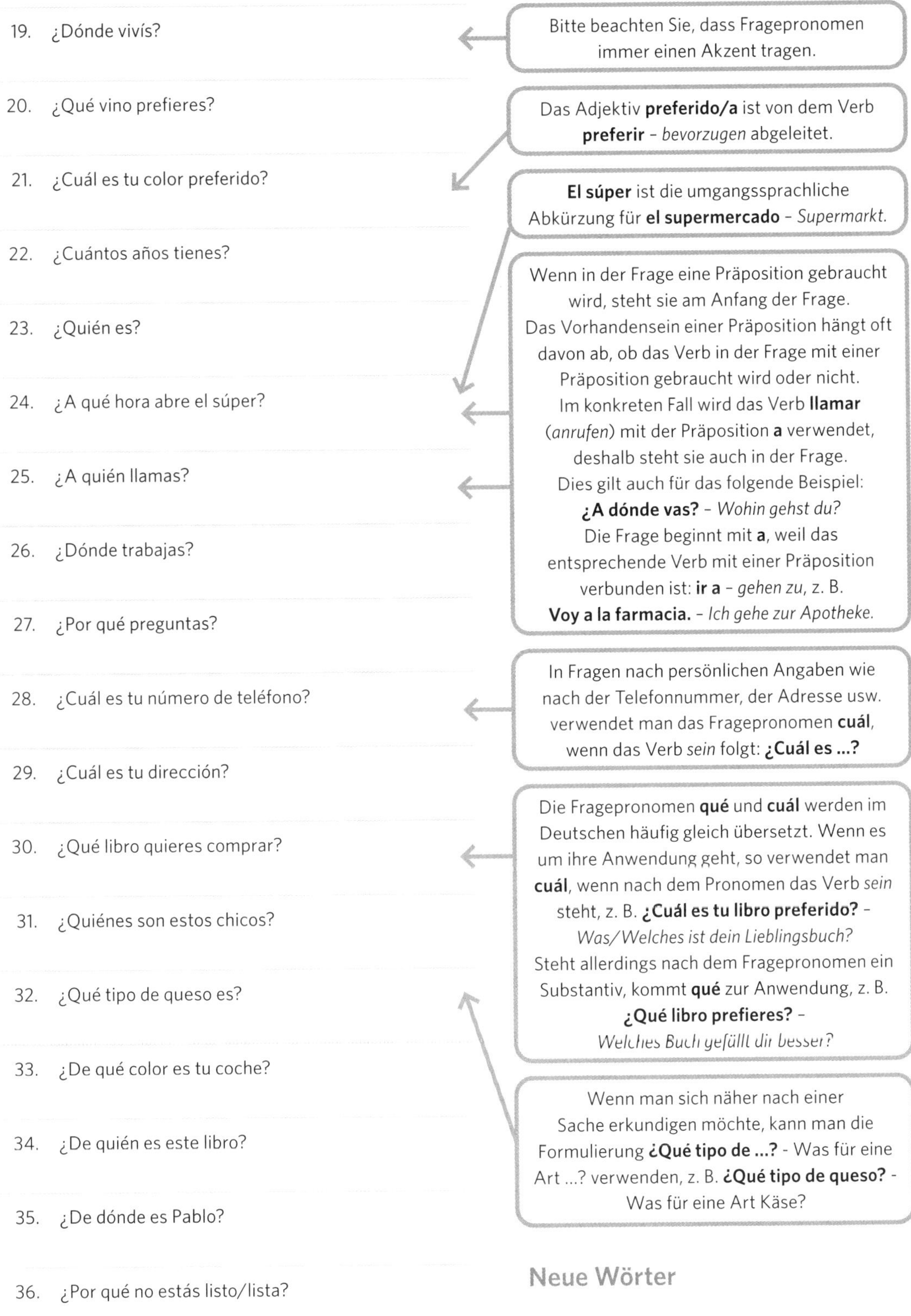

19. ¿Dónde vivís?
20. ¿Qué vino prefieres?
21. ¿Cuál es tu color preferido?
22. ¿Cuántos años tienes?
23. ¿Quién es?
24. ¿A qué hora abre el súper?
25. ¿A quién llamas?
26. ¿Dónde trabajas?
27. ¿Por qué preguntas?
28. ¿Cuál es tu número de teléfono?
29. ¿Cuál es tu dirección?
30. ¿Qué libro quieres comprar?
31. ¿Quiénes son estos chicos?
32. ¿Qué tipo de queso es?
33. ¿De qué color es tu coche?
34. ¿De quién es este libro?
35. ¿De dónde es Pablo?
36. ¿Por qué no estás listo/lista?

Bitte beachten Sie, dass Fragepronomen immer einen Akzent tragen.

Das Adjektiv **preferido/a** ist von dem Verb **preferir** - *bevorzugen* abgeleitet.

El súper ist die umgangssprachliche Abkürzung für **el supermercado** - *Supermarkt*.

Wenn in der Frage eine Präposition gebraucht wird, steht sie am Anfang der Frage. Das Vorhandensein einer Präposition hängt oft davon ab, ob das Verb in der Frage mit einer Präposition gebraucht wird oder nicht. Im konkreten Fall wird das Verb **llamar** (*anrufen*) mit der Präposition **a** verwendet, deshalb steht sie auch in der Frage. Dies gilt auch für das folgende Beispiel: **¿A dónde vas?** - *Wohin gehst du?* Die Frage beginnt mit **a**, weil das entsprechende Verb mit einer Präposition verbunden ist: **ir a** - *gehen zu*, z. B. **Voy a la farmacia.** - *Ich gehe zur Apotheke.*

In Fragen nach persönlichen Angaben wie nach der Telefonnummer, der Adresse usw. verwendet man das Fragepronomen **cuál**, wenn das Verb *sein* folgt: **¿Cuál es ...?**

Die Fragepronomen **qué** und **cuál** werden im Deutschen häufig gleich übersetzt. Wenn es um ihre Anwendung geht, so verwendet man **cuál**, wenn nach dem Pronomen das Verb *sein* steht, z. B. **¿Cuál es tu libro preferido?** - *Was/Welches ist dein Lieblingsbuch?* Steht allerdings nach dem Fragepronomen ein Substantiv, kommt **qué** zur Anwendung, z. B. **¿Qué libro prefieres?** - *Welches Buch gefällt dir besser?*

Wenn man sich näher nach einer Sache erkundigen möchte, kann man die Formulierung **¿Qué tipo de ...?** - Was für eine Art ...? verwenden, z. B. **¿Qué tipo de queso?** - Was für eine Art Käse?

Neue Wörter

....

1. Mein Bruder ist zu Hause.
   ....
2. Wo ist deine Mutter?
   ....
3. Meine Mutter ist in der Küche.
   ....
4. Meine Eltern leben in Barcelona.
   ....
5. Wo leben deine Eltern?
   ....
6. Ist es euer Buch?
   ....
7. Sein Auto ist rot und ihr Auto ist blau.
   ....
8. Welche Farbe hat dein Auto?
   ....
9. Ihre Freunde sind aus England.
   ....
10. Woher sind deine Freunde?
    ....
11. Eure Wohnung ist sehr groß und eure Küche auch.
    ....
12. Wie geht es ihrem Mann?
    ....
13. Ihrem Mann geht es gut und ihren Kindern auch.
    ....
14. Unsere Wohnung ist klein.
    ....
15. Unsere Französischlehrerin ist sehr gut.
    ....
16. Vielen Dank für euer Geschenk.
    ....
17. Frau Gómez, wo sind ihre Kinder?
    ....
18. Meine Freunde wohnen in der Nähe.
    ....

1. Mi hermano está en casa.

2. ¿Dónde está tu madre?

3. Mi madre está en la cocina.

4. Mis padres viven en Barcelona.

5. ¿Dónde viven tus padres?

6. ¿Es vuestro libro?

7. Su coche es rojo y su coche es azul.

8. ¿De qué color es tu coche?

9. Sus amigos son de Inglaterra.

10. ¿De dónde son tus amigos?

11. Vuestro piso es muy grande y vuestra cocina también.

12. ¿Cómo está su marido?

13. Su marido está bien y sus hijos también.

14. Nuestro piso es pequeño.

15. Nuestra profesora de francés es muy buena.

16. Muchas gracias por vuestro regalo.

17. Señora Gómez, ¿dónde están sus hijos?

18. Mis amigos viven cerca.

Hier eine Übersicht über die spanischen **adjetivos posesivos** (Possessivadjektive):

mi	*mein/meine*
tu	*dein/deine*
su	*sein/seine; ihr/ihre; Ihr/Ihre*
mis	*meine*
tus	*deine*
sus	*seine; ihre; Ihre*

nuestro/nuestra	*unser/unsere*
vuestro/vuestra	*euer/eure*
su	*ihre/Ihre*
nuestros/nuestras	*unsere*
vuestros/vuestras	*eure*
sus	*ihre/Ihre*

Wenn das Substantiv im Plural gebraucht wird, dann erhalten die Possessivadjektive die Endung **-s** (**mis, tus, sus**). Im Fall von **nuestro(s)/nuestra(s)** und **vuestro(s)/vuestra(s)** spielt auch das Genus der Substantive eine Rolle, z. B. **nuestro hijo** – *unser Sohn*, **nuestra hija** – *unsere Tochter*.

Sus amigos kann hier, abhängig vom Kontext, sowohl *ihre Freunde* als auch *seine Freunde* bedeuten. Analoges gilt auch für Satz 7. **Su** kann *ihr* (Sg.), *sein* und *ihr* (Pl.) bzw. *Ihr* bedeuten, was nur dem Kontext entnommen werden kann. Wenn ein entsprechender Kontext fehlt, kann eine Klarstellung mithilfe der Präposition **de** und dem entsprechenden Personalpronomen erfolgen, z. B.: **el coche de ella/Verónica** (*ihr/Veronikas Auto*), **el coche de él/Juan** (*sein/Juans Auto*), **el coche de ellos/ellas** (*ihr Auto*).

Die Frage kann auch bedeuten: *Wie geht es Ihrem Mann?*, wenn man sich an jemanden mit **usted** wendet.

Die Abkürzung von **Señora** ist **Sra.**, von **Señorita - Srta**. und von **Señor - Sr**.

19. Was ist dein Problem?
....
20. Wo ist seine Jacke?
....
21. Ihre Tante lebt in New York.
....
22. Sein Haus ist sehr groß.
....
23. Ihre Nachbarn sind sehr freundlich.
....
24. Juan ist Lehrer und seine Frau auch.
....
25. Seine Kinder möchten auch Lehrer sein.
....
26. Meine Arbeit ist sehr interessant.
....
27. Ist es dein Telefon?
....
28. Nein, es ist nicht mein Telefon. Es gehört María.
....
29. Diese Tasche gehört meiner Mutter und das Auto dort meinem Vater.
....
30. Eure Schlüssel sind auf dem Tisch.
....
31. Diese Wohnung gehört unseren Freundinnen. Sie leben hier mit ihren Schwestern.
....
32. Gehört dieses Auto euch?
....
33. Wem gehört dieses Auto?
....
34. Gehört ihm der Hund?
....
35. Nein, er gehört unseren Freunden.
....
36. Es ist deine Entscheidung.
....

19. ¿Cuál es tu problema?

20. ¿Dónde está su chaqueta?

21. Su tía vive en Nueva York.

22. Su casa es muy grande.

23. Sus vecinos son muy amables.

24. Juan es profesor y su mujer también.

25. Sus hijos quieren ser profesores también.

26. Mi trabajo es muy interesante.

27. ¿Es tu teléfono?

28. No, no es mi teléfono. Es de María.

29. Este bolso es de mi madre y aquel coche de mi padre.

30. Vuestras llaves están en la mesa.

31. Este piso es de nuestras amigas. Viven aquí con sus hermanas.

32. ¿Es vuestro este coche?

33. ¿De quién es este coche?

34. ¿Es su perro?

35. No, es de nuestros amigos.

36. Es tu decisión.

Bitte beachten Sie, dass das Pronomen **tu** ohne Akzent *dein/deine* heißt, mit Akzent jedoch *du* (**tú**).

In Abhängigkeit vom Kontext kann sich diese Frage entweder auf *ihre, seine* oder *Ihre Jacke* beziehen. Ist in einer Situation nicht klar, von wem die Rede ist, stellt man die Frage so: **¿Esa chaqueta es de él / de ella / de usted?** – *Ist diese Jacke da von ihm/von ihr/von Ihnen?*

Wenn es um die Zugehörigkeit zu einer Person geht, die mit Namen oder einem anderen Substantiv genannt wird, kommt die Präposition **de** zur Anwendung, z. B.:
Es de mi madre. – *Das ist von meiner Mutter.*
Es de Toni. – *Das ist Tonis.*

Neue Wörter

1. Ich gehe nach Hause.

   ....

2. Um wie viel Uhr gehst du? Gehst du mit Carmen?

   ....

3. Nein, sie geht alleine.

   ....

4. Juan fährt morgen nach Barcelona.

   ....

5. Geht ihr auch?

   ....

6. Heute gehen wir zum Fest.

   ....

7. Wohin gehst du?

   ....

8. Ich gehe zur Arbeit.

   ....

9. Geht ihr ins Zentrum?

   ....

10. Wir gehen nicht ins Zentrum. Wir gehen ins Kino.

    ....

11. Meine Kinder gehen in diese Schule.

    ....

12. Kannst du das Fenster öffnen?

    ....

13. Ich kann nicht gehen.

    ....

14. Warum kannst du nicht gehen?

    ....

15. Ich kann es dir nicht sagen.

    ....

16. Wir können anfangen.

    ....

17. Könnt ihr hierher kommen?

    ....

18. Kann ich mit Karte bezahlen?

    ....

1. Voy a casa.
2. ¿A qué hora vas? ¿Vas con Carmen?
3. No, ella va sola.
4. Juan va a Barcelona mañana.
5. ¿Vosotros/Vosotras vais también?
6. Hoy vamos a la fiesta.
7. ¿A dónde vas?
8. Voy al trabajo.
9. ¿Vais al centro?
10. No vamos al centro. Vamos al cine.
11. Mis hijos van a este colegio.
12. ¿Puedes abrir la ventana?
13. No puedo ir.
14. ¿Por qué no puedes ir?
15. No te lo puedo decir.
16. Podemos empezar.
17. ¿Podéis venir aquí?
18. ¿Puedo pagar con tarjeta?

Das Verb **ir** (*gehen, fahren*) ist ein unregelmäßiges Verb, das wie folgt konjugiert wird:

yo **voy**	*ich gehe*
tú **vas**	*du gehst*
él/ella/used **va**	*er/sie geht; Sie gehen*
nosotros/nosotras **vamos**	*wir gehen*
vosotros/vosotras **vais**	*ihr geht*
ellos/ellas/ustedes **van**	*sie gehen; Sie gehen*

Das Verb **ir** wird mit der Präposition **a** gebraucht, die deshalb am Anfang einer Frage steht. In der Antwort muss auch **a** stehen. Wenn **a** in Verbindung mit einem maskulinen Substantiv und dem Artikel **el** steht (z. B. **el supermercado** – *der Supermarkt*), verschmelzen **a** und **el** zu **al** (**a + el = al**) **Voy al supermercado.** *Ich gehe zum Supermarkt.*

Das Verb **poder** (*können*) ist ebenfalls unregelmäßig. Dabei findet ein Vokalwechsel von **o** zu **ue** in allen Personen außer der 1. und 2. Pers. Pl. (**nosotros, vosotros**) statt, deren Formen denen der regelmäßigen Verben auf **-er** entsprechen.

yo p**ue**do	*ich kann*
tú p**ue**des	*du kannst*
él/ella/usted p**ue**de	*er/sie kann; Sie können*
nosotros/nosotras podemos	*wir können*
vosotros/vosotras podéis	*ihr könnt*
ellos/ellas/ustedes p**ue**den	*sie können; Sie können*

Es gibt auch noch andere Verben, die so konjugiert werden, z. B. **encontrar** (*finden*), **dormir** (*schlafen*), **costar** (*kosten*), **volver** (*zurückkommen*) usw.

Im Spanischen entspricht der deutschen Präposition *mit* (mit wem? womit?) meistens die Präposition **con**, z. B.: *mit Karte bezahlen* – **pagar con tarjeta**.

19. Können Sie 5 Minuten warten?

....

20. Sie kann nicht zur Arbeit gehen. Sie ist krank.

....

21. Ich kann nichts sagen.

....

22. Können Sie [Sg.] morgen anrufen?

....

23. Ich kann jetzt nicht sprechen.

....

24. Kannst du bitte die Tür zumachen?

....

25. Können wir uns morgen sehen?

....

26. Er kann noch nicht gehen, weil er viel Arbeit hat.

....

27. Was machst du?

....

28. Was machen wir heute?

....

29. Was macht dein Mann? Ist er Arzt?

....

30. Macht ihr morgen etwas? Wir können ins Kino gehen.

....

31. Sie machen nichts. Sie möchten nur spielen.

....

32. Ich mache meine Einkäufe in diesem Supermarkt.

....

33. Wie ist das Wetter?

....

34. Heute scheint die Sonne.

....

35. Ist es kalt?

....

36. Es ist nicht kalt. Es ist warm.

....

19. ¿Puede/ Pueden esperar cinco minutos?

20. Ella no puede ir al trabajo. Está enferma.

21. No puedo decir nada.

22. ¿Puede llamar mañana?

23. No puedo hablar ahora.

24. ¿Puedes cerrar la puerta, por favor?

25. ¿Podemos vernos mañana?

26. Él aún no puede ir porque tiene mucho trabajo.

27. ¿Qué haces?

28. ¿Qué hacemos hoy?

29. ¿Qué hace tu marido? ¿Es médico?

30. ¿Hacéis algo mañana? Podemos ir al cine.

31. Ellos/Ellas no hacen nada. Solo quieren jugar.

32. Hago mis compras en este supermercado.

33. ¿Qué tiempo hace?

34. Hoy hace sol.

35. ¿Hace frío?

36. No hace frío. Hace calor.

Die verneinte Form wird gebildet, indem man das Wort **no** vor das Verb setzt, z. B. **No puedo.** – *Ich kann nicht.*

Im Spanischen existiert eine doppelte Verneinung, d. h. man kann **no** vor das Verb setzen und **nada** (*nichts*) ans Satzende. Die Wörter **nada** (*nichts*) oder **algo** (*etwas*) stehen in der Regel am Ende des Satzes.

Das Verb **hacer** hat nur eine unregelmäßige Form, und zwar in der 1. Pers. Sg. (**yo**). Alle anderen Personen haben die Formen wie die regelmäßigen Verben auf **-er**.

yo **hago**	*ich mache*
tú haces	*du machst*
él/ella/usted hace	*er/sie macht; Sie machen*
nosotros/nosotras hacemos	*wir machen*
vosotros/vosotras hacéis	*ihr macht*
ellos/ellas/ustedes hacen	*sie machen, Sie machen*

Das Verb **poner** – *(hin)legen* wird ebenso konjugiert, siehe Kapitel 14.

Das Verb **hacer** findet auch bei der Frage nach dem Beruf Anwendung. In der Antwort wird dann wie im Beispiel das Verb **ser** verwendet.

Das Verb **hacer** wird auch verwendet, wenn man über das Wetter spricht, und zwar in folgenden Ausdrücken:

hace sol	*die Sonne scheint*
hace buen tiempo/ hace bueno	*es ist schönes Wetter*
hace mal tiempo/ hace male	*es ist schlechtes Wetter*
hace calor	*es ist heiß*
hace frío	*es ist kalt*
hace viento	*es ist windig*

1. In meinem Haus gibt es fünf Zimmer.

   ....

2. Es gibt auch eine große Küche.

   ....

3. Hier in der Nähe gibt es ein Restaurant.
   Möchtest du hingehen?

   ....

4. Gibt es Brot?

   ....

5. Es gibt kein Brot. Es gibt Schinken und Käse.

   ....

6. Auf dem Tisch sind einige Bücher.

   ....

7. Wie viele Bücher sind da?

   ....

8. Es sind viele Bücher da.

   ....

9. Ich glaube, dass es zehn Bücher sind.

   ....

10. Auf der Straße sind viele Leute. Was ist los?

    ....

11. Heute gibt es nicht viel Arbeit.

    ....

12. Gibt es etwas zu essen?

    ....

13. Es gibt nichts.

    ....

14. Dort gibt es einen freien Stuhl.

    ....

15. Gibt es in diesem Hotel Internet?

    ....

16. Wie viele Kirchen gibt es in deiner Stadt?

    ....

17. Es gibt nicht viele.

    ....

18. Gibt es irgendein Restaurant hier in der Nähe?

    ....

1. En mi casa hay cinco habitaciones.
2. Hay una cocina grande también.
3. Hay un restaurante cerca de aquí. ¿Quieres ir?
4. ¿Hay pan?
5. No hay pan. Hay jamón y queso.
6. Hay unos libros en la mesa.
7. ¿Cuántos libros hay?
8. Hay muchos libros.
9. Creo que hay diez libros.
10. Hay mucha gente en la calle. ¿Qué pasa?
11. No hay mucho trabajo hoy.
12. ¿Hay algo para comer?
13. No hay nada.
14. Allí hay una silla libre.
15. ¿Hay Internet en este hotel?
16. ¿Cuántas iglesias hay en tu ciudad?
17. No hay muchas.
18. ¿Hay algún restaurante cerca de aquí?

Wenn man im Spanischen ausdrücken möchte, dass es etwas an einem bestimmten Ort gibt, kann man eine Konstruktion mit **hay** verwenden, z. B.
Hay cinco personas aquí. – *Hier sind / gibt es fünf Personen.*
In dem Fall kann man weder **ser** noch **estar** verwenden: ~~**Es/Están cinco personas aquí.**~~
Nach **hay** kann man Substantive im Singular und Plural verwenden. Wenn das Substantiv im Singular steht, kann man davor den unbestimmten Artikel **un/una** setzen (Beispiele 2, 3). Mit **hay** können niemals die bestimmten Artikel **el/la** oder Possessivadjektive wie **mi, tu, su** usw. stehen. Möchte man zum Beispiel fragen: *Ist deine Mutter da?*, heißt es nicht: ~~**¿Hay tu madre?**~~, sondern nur: **¿Está tu madre?**
Im Fall von nicht zählbaren Substantiven (z. B. **pan** – *Brot*, **leche** – *Milch*, **agua** – *Wasser*, **aire** – *Luft* usw.) wird kein Artikel gebraucht (Beispiele 4, 5). Man kann aber Wörter wie **mucho/mucha** oder **poco/poca** davorsetzen, z. B.: **Hay mucha leche.** – *Es gibt viel Milch.*
Im Deutschen wird das Verb **hay** manchmal mit *(es) ist* oder *(es) sind* übersetzt. Im Plural kann man die entsprechenden Formen des unbestimmten Artikels **unos/unas** (Beispiel 6) oder auch **muchos/muchas** (*viele*) verwenden bzw. eine konkrete Menge angeben bzw. gar keine dieser Angaben machen, z. B.
Hay montañas cerca de mi casa. – *In der Nähe meines Hauses sind Berge.*

Das Wort **mucho** ändert seine Form in Abhängigkeit vom Substantiv:

mucho (trabajo)	*viel (Arbeit)*
mucha (sal)	*viel (Salz)*
muchos (amigos)	*viele (Freunde)*
muchas (naranjas)	*viele (Orangen)*

Mehr zu dem Thema des Gebrauchs der Wörter **mucho** und **poco** in Kapitel 25.

Man kann nicht sagen:
¿Cuántas iglesias ~~están~~ en tu ciudad?

Sehr oft werden in Fragen in Verbindung mit **hay** die Wörter **algún / alguna** – *irgendein/e* verwendet.

19. Es gibt kein Restaurant hier in der Nähe. ....

20. Es gibt nur eines. ....

21. Es ist nicht viel Geld auf dem Konto. ....

22. Wie viele Personen sind da? ....

23. Entschuldigung, gibt es einen Geldautomaten hier in der Nähe? ....

24. Ja, es gibt hier rechts einen. ....

25. Gibt es Sehenswürdigkeiten in deiner Stadt? ....

26. Ja, selbstverständlich. Es gibt viele. ....

27. Gibt es einen Flughafen in deiner Stadt? ....

28. Heute gibt es ein Konzert in diesem Club. Gehen wir hin? ....

29. Dort sind immer viele Leute. ....

30. In deiner Tasche sind viele Dinge. Wie kannst du dein Telefon finden? ....

31. Gibt es irgendein Problem? ....

32. Es gibt kein Problem. ....

33. Ich kann hier nicht parken. Hier ist kein Platz. ....

34. Was gibt es im Fernsehen? ....

35. Gibt es irgendeinen Supermarkt hier in der Nähe? ....

36. Leider gibt es hier keine Klimaanlage. ....

19. No hay ningún restaurante cerca de aquí.

In Verneinungssätzen wird **ningún / ninguna** – *kein/e* verwendet.

20. Solo hay uno.

Das Wort **restaurante** ist im Spanischen ein maskulines Substantiv, deshalb heißt es: **hay uno**.

21. No hay mucho dinero en la cuenta.

22. ¿Cuántas personas hay?

Man kann auch sagen: **¿Cuánta gente hay?** Zur Erinnerung: das Wort **gente** (*Leute*) ist ein feminines Substantiv im Singular.

23. Perdón, ¿hay un cajero por aquí?

24. Sí, hay uno aquí a la derecha.

Das Zahlwort *ein* vor maskulinen Substantiven hat die Form **un** (z. B. **un momento** und nicht ~~**uno momento**~~), steht es dagegen isoliert, hat es die Form **uno**. Die feminine Form ist in beiden Fällen **una**.

25. ¿Hay atracciones de interés en tu ciudad?

Man kann auch sagen: **¿Hay algunos lugares interesantes en tu ciudad?** – *Gibt es irgendwelche interessanten Plätze in deiner Stadt?*

26. Sí, por supuesto. Hay muchos.

27. ¿Hay un aeropuerto en tu ciudad?

28. Hoy hay un concierto en este club. ¿Vamos?

29. Allí siempre hay mucha gente.

Das Wort **allí** kann man ebenso ans Satzende setzen: **Siempre hay mucha gente allí.** In der Mehrzahl der Fälle stehen Lokalbestimmungen am Anfang oder am Ende des Satzes.

30. Hay muchas cosas en tu bolso. ¿Cómo puedes encontrar tu teléfono?

In diesem Fall kann man auch sagen: **Tienes muchas cosas en tu bolso.** – *Du hast viele Sachen in deiner Tasche.*

31. ¿Hay algún problema?

32. No hay ningún problema.

Verneinungen werden gebildet, indem man das Wort **no** vor **hay** setzt.

33. No puedo aparcar aquí. Aquí no hay sitio.

34. ¿Qué hay en la tele?

35. ¿Hay algún supermercado cerca de aquí?

36. Desafortunadamente / Por desgracia, no hay aire acondicionado aquí.

Neue Wörter

....

....

....

....

....

....

1. Heute ist Montag. ....

2. Wir sprechen uns morgen. ....

3. Ich arbeite morgens. Nachmittags gehe ich ins Fitnessstudio. ....

4. Er arbeitet abends / nachts. ....

5. Heute Abend gehen wir ins Kino. ....

6. Diese Woche haben wir viel Arbeit. Dieses Wochenende auch. ....

7. Ist die Besprechung am Dienstag oder am Mittwoch? ....

8. Am Samstag gehen wir ins Theater. ....

9. Das Fest ist am Freitagabend. Möchtet ihr kommen? ....

10. Hast du am Donnerstagnachmittag Zeit? Ich brauche deine Hilfe. ....

11. Am Wochenende gehen wir immer aus. ....

12. Wie viel Uhr ist es? ....

13. Es ist 1 Uhr. ....

14. Es ist 3 Uhr. ....

15. Es ist 6 Uhr nachmittags. ....

16. Es ist halb zwei. ....

17. Es ist halb fünf. ....

18. Es ist zehn nach fünf. ....

1. Hoy es lunes.
2. Hablamos mañana.
3. Trabajo por la mañana. / Por la mañana trabajo. Por la tarde voy al gimnasio.
4. Él trabaja por la noche.
5. Esta noche vamos al cine.
6. Esta semana tenemos mucho trabajo. Este fin de semana también.
7. ¿La reunión es el martes o el miércoles?
8. El sábado vamos al teatro.
9. La fiesta es el viernes por la noche. ¿Queréis venir?
10. ¿Tienes tiempo el jueves por la tarde? Necesito tu ayuda.
11. Los fines de semana siempre salimos.
12. ¿Qué hora es?
13. Es la una.
14. Son las tres.
15. Son las seis de la tarde.
16. Es la una y media.
17. Son las cuatro y media.
18. Son las cinco y diez.

Die Wochentage auf Spanisch heißen:

lunes	*Montag*
martes	*Dienstag*
miércoles	*Mittwoch*
jueves	*Donnerstag*
viernes	*Freitag*
sábado	*Samstag*
domingo	*Sonntag*

Zeitausdrücke für Tagesabschnitte sind:

por la mañana	*morgens*
por la tarde	*nachmittags*
por la noche	*abends, nachts*

In Verbindung mit Wochentagen werden keine Präpositionen gebraucht. Wenn man z. B. *am Montag* sagen will, wird zu dem Wochentag der bestimmte Artikel **el** hinzugefügt, z. B. **el lunes**. Es heißt nicht: **~~en~~ el lunes**.
Die Wochentage bzw. Tageszeiten im Plural muss man mit den entsprechenden Artikeln verbinden:

los lunes	*montags, an Montagen*
los sábados	*samstags, an Samstagen*
los fines de semana	*an Wochenenden*
por las tardes	*nachmittags, an Nachmittagen*

Am Morgen sagt man:
las seis de la mañana – *sechs Uhr früh.*

Für die Zeitangabe wird das Verb *sein* im Singular und mit dem bestimmten Artikel **la** für *ein Uhr* (Sätze 13, 16) verwendet. Im Falle von anderen Uhrzeiten steht das Verb *sein* im Plural: **son** mit dem bestimmten Artikel **las**, z. B. **Son las siete.** – *Es ist sieben Uhr.*

19. Es ist zwanzig vor zwei. ....

20. Es ist Viertel vor sieben. ....

21. Es ist Viertel nach elf. ....

22. Um wie viel Uhr ist die Besprechung?
Ist sie mittags? ....

23. Nein. Sie ist um 5 Uhr nachmittags. Sie hört
um halb sieben auf. ....

24. Der Zug kommt um zehn vor vier morgens an. ....

25. Im Sommer arbeite ich von 9 Uhr bis 3 Uhr. ....

26. Möchtest du jetzt essen oder später? ....

27. Ich arbeite bis halb sieben. ....

28. Im Winter ist es kalt. Im Herbst ist gutes Wetter. ....

29. Das Frühjahr ist meine bevorzugte Jahreszeit. ....

30. Fahren wir im Juli oder im August nach Mallorca? ....

31. Welcher Tag ist heute? ....

32. Heute ist der 15. Oktober 2023. ....

33. Die Festspiele enden am 10. August. ....

34. Wann ist dein Geburtstag? ....

35. Mein Geburtstag ist am 7. Januar. ....

36. Der Geburtstag meines Vaters ist im November. ....

19. Son las dos menos veinte.

20. Son las siete menos cuarto.

21. Son las once y cuarto.

22. ¿A qué hora es la reunión? ¿Es a mediodía?

23. No. Es a las cinco de la tarde. Termina a las seis y media.

24. El tren llega a las cuatro menos diez de la mañana.

25. En verano trabajo de nueve a tres.

26. ¿Quieres comer ahora o más tarde?

27. Trabajo hasta las seis y media.

28. En invierno hace frío. En otoño hace buen tiempo.

29. La primavera es mi estación preferida.

30. ¿Vamos a Mallorca en julio o en agosto?

31. ¿Qué día es hoy?

32. Hoy es quince de octubre de 2023 (dos mil veintitres).

33. El festival termina el diez de agosto.

34. ¿Cuándo es tu cumpleaños?

35. Mi cumpleaños es el siete de enero.

36. El cumpleaños de mi padre es en noviembre.

Bei der genauen Zeitangabe benutzt man die Wörter **y** und **menos**, aber auch **media** (*halb*) sowie **cuarto** (*Viertel*), z. B.:
las cinco y diez – *zehn nach fünf*,
las cinco menos diez – *zehn vor fünf*,
las cuatro y media – *halb fünf*,
las tres y cuarto – *Viertel nach drei*,
las cuatro menos cuarto – *Viertel vor vier*.

Der Ausdruck **a mediodía** heißt mittags, **a medianoche** heißt um Mitternacht.

Por la tarde/mañana kommt zur Anwendung, wenn man die entsprechende Tageszeit meint. Bei **de la tarde/mañana** in Verbindung mit einer konkreten Uhrzeit geht es darum anzuzeigen, ob es sich um den Vormittag bzw. Nachmittag/Abend handelt.

Es heißt auch: **desde las nueve hasta las cinco** anstatt **de nueve a cinco**.

Die Monatsnamen sind:

enero	*Januar*	julio	*Juli*
febrero	*Februar*	agosto	*August*
marzo	*März*	septiembre	*September*
abril	*April*	octubre	*Oktober*
mayo	*Mai*	noviembre	*November*
junio	*Juni*	diciembre	*Dezember*

Man kann auch sagen **Estamos a quince de octubre.**

Der Artikel **el** wird nur im Zusammenhang mit einem konkreten Ereignis gesetzt, z. B. **La conferencia empieza el 8 de mayo.** – *Die Konferenz beginnt am 8. Mai.* Werden Wochentag und Datum zusammen angegeben, steht auch kein Artikel, z. B. **Hoy es viernes, 18 de diciembre.**

Es ist zu beachten, dass das Substantiv **cumpleaños** trotz der Endung **-s** ein Wort im Singular ist.

1. Weißt du, wo Juan ist?
   ....
2. Ich weiß nicht, wo er ist. Es tut mir leid.
   ....
3. Wir wissen nichts davon. Und ihr? Wisst ihr etwas?
   ....
4. Kannst du schwimmen?
   ....
5. Ich kann nicht schwimmen, aber meine Kinder schon. Sie können schwimmen.
   ....
6. Sie kann nicht lesen. Sie ist erst drei Jahre alt.
   ....
7. Ich stelle die Milch immer in den Kühlschrank.
   ....
8. Schaltet ihr die Klimaanlage im Büro ein?
   ....
9. Wo legst du deine Kleidung hin?
   ....
10. Wir schalten den Fernseher morgens nicht ein.
    ....
11. Wir kennen diese Stadt sehr gut.
    ....
12. Kennst du irgendein gutes Restaurant?
    ....
13. Ich kenne diesen Jungen nicht.
    ....
14. Er kennt viele Leute.
    ....
15. Ich habe die Karte nicht, aber mach dir keine Sorgen. Sie kennen diesen Stadtteil.
    ....
16. Ich gebe Spanischunterricht und sie gibt Englischunterricht.
    ....
17. Wir geben ihm / ihr viel Geld.
    ....
18. Heute gehe ich um 5 Uhr und Carmen geht um 6 Uhr.
    ....

1. ¿Sabes dónde está Juan?
2. No sé dónde está. Lo siento.
3. No sabemos nada de esto. ¿Y vosotros/vosotras? ¿Sabéis algo?
4. ¿Sabes nadar?
5. Yo no sé nadar, pero mis hijos sí. Ellos saben nadar.
6. Ella no sabe leer. Solo tiene tres años.
7. Siempre pongo la leche en la nevera.
8. ¿Ponéis el aire acondicionado en la oficina?
9. ¿Dónde pones tu ropa?
10. No ponemos la tele por la mañana.
11. Conocemos muy bien esta ciudad.
12. ¿Conoces algún buen restaurante?
13. No conozco a este chico.
14. Él conoce a mucha gente.
15. No tengo el mapa, pero no te preocupes. Ellos/ Ellas conocen este barrio.
16. Yo doy clases de español y ella da clases de inglés.
17. Le damos mucho dinero.
18. Hoy salgo a las cinco y Carmen sale a las siete.

Im Fall des Verbs **saber** (*wissen/können*) ist nur die 1. Pers. Sg. **yo sé** unregelmäßig. Die anderen Formen werden wie die regelmäßigen Verben auf **-er** konjugiert.

sé	*weiß*	sabemos	*wissen*
sabes	*weißt*	sabéis	*wisst*
sabe	*weiß*	saben	*wissen*

Das Verb **poner** – *legen, stellen, einschalten* (z. B. TV, Radio) – wird wie folgt konjugiert:

pongo	*stelle*	ponemos	*stellen*
pones	*stellst*	ponéis	*stellt*
pone	*stellt*	ponen	*stellen*

Die Konjugation des Verbs **conocer** (*wissen/kennen*):

conozco	*kenne*	conocemos	*kennen*
conoces	*kennst*	conocéis	*kennt*
conoce	*kennt*	conocen	*kennen*

Das Verb **conocer** in der Bedeutung *jemanden kennen* wird mit der Präposition **a** gebraucht (Sätze 13, 14). Die Präposition **a** kommt nicht zur Anwendung, wenn nach dem Verb ein unbelebtes Substantiv steht, das z. B. eine Stadt oder ein Stadtviertel bezeichnet.

Das Verb **dar** (*geben*) wird genauso wie die Verben auf **-ar** mit Ausnahme der 1. Pers. Sg. konjugiert:

doy	*gebe*	damos	*geben*
das	*gibst*	dais	*gebt*
da	*gebe*	dan	*geben*

Das Verb **salir** (*hinausgehen/abfahren*) wird genauso wie die Verben auf **-ir** mit Ausnahme der 1. Pers. Sg. konjugiert:

salgo	*gehe hinaus*

19. Um wie viel Uhr gehst du heute? ....

20. Wir gehen heute Abend aus. Möchtest du mit uns ausgehen? ....

21. Geht ihr am Wochenende aus? ....

22. Er bringt immer viele Sachen mit zu den Feiern. ....

23. Ich bringe nichts mit. ....

24. Nehmen wir ein Taxi? ....

25. Ich nehme immer den Bus. ....

26. Ich sage immer die Wahrheit. ....

27. Was sagst du? ....

28. Er sagt, dass er ein Problem hat. ....

29. Sie sagen, dass es unmöglich ist. ....

30. Bitten wir um Hilfe. ....

31. Hörst du diesen Lärm? Und ihr? Hört ihr diesen Lärm? ....

32. Ich höre nichts. ....

33. Kannst du es wiederholen? ....

34. Spielst du Fußball? ....

35. Spanien spielt heute gegen Frankreich. Sie spielen sehr gut. ....

36. Normalerweise spielen wir Tennis am Wochenende. ....

19. ¿A qué hora sales hoy?

20. Salimos esta noche. ¿Quieres salir con nosotros/nosotras?

21. ¿Salís el fin de semana?

22. Él siempre trae muchas cosas a las fiestas.

23. Yo no traigo nada.

24. ¿Cogemos un taxi?

25. Siempre cojo el autobús.

26. Siempre digo la verdad.

27. ¿Qué dices?

28. Él dice que tiene un problema.

29. Ellos/Ellas dicen que es imposible.

30. Pedimos ayuda.

31. ¿Oyes este ruido? ¿Y vosotros/vosotras? ¿Oís este ruido?

32. Yo no oigo nada.

33. ¿Puedes repetirlo?

34. ¿Juegas al fútbol?

35. España juega contra Francia hoy. Juegan muy bien.

36. Normalmente jugamos al tenis el fin de semana.

Das Verb **traer** (*bringen*) wird genauso wie die Verben auf **-er** mit Ausnahme der 1. Pers. Sg. konjugiert:

traigo	*bringe*	traemos	*bringen*
traes	*bringst*	traéis	*bringt*
trae	*bringt*	traen	*bringen*

Das Verb **coger** (*nehmen*) wird wie folgt konjugiert:

cojo	*nehme*	cogemos	*nehmen*
coges	*nimmst*	cogéis	*nehmt*
coge	*nimmt*	cogen	*nehmen*

Bei Verben wie **decir** (*sagen/sprechen*), **pedir** (*bitten*), **seguir** (*fortsetzen*), **repetir** (*wiederholen*), **perder** (*verlieren*) usw. findet ein Vokalwechsel von **e** zu **i** in allen Formen außer der 1. und 2. Pers. Pl. statt. Das Verb **decir** wird wie folgt konjugiert:

d**i**go	*sage*	decimos	*sagen*
d**i**ces	*sagst*	decís	*sagt*
d**i**ce	*sagt*	d**i**cen	*sagen*

Das Verb **pedir** (*bitten*) wird wie folgt konjugiert:

p**i**do	*bitte*	pedimos	*bitten*
p**i**des	*bittest*	pedís	*bittet*
p**i**de	*bittet*	p**i**den	*bitten*

Das Verb **oír** (*hören*) wird wie folgt konjugiert:

oigo	*höre*	oímos	*hören*
oyes	*hörst*	oís	*hört*
oye	*hört*	oyen	*hören*

Bei dem Verb **jugar** (*etw. spielen*, z. B. Tennis) wechselt der Vokal **u** zu **ue** in allen Personen außer bei der 1. und 2. Pers. Pl.:

juego	*spiele*	jugamos	*spielen*
juegas	*spielst*	jugáis	*spielt*
juega	*spielt*	**jue**gan	*spielen*

1. Ich denke, dass es wahr ist. ....
2. Sie glauben, dass alles gut ist. ....
3. Was denkst du? ....
4. Wir denken, dass es eine gute Idee ist. ....
5. Um wie viel Uhr fängt das Konzert an? ....
6. Heute fangen wir um 6 Uhr an. ....
7. Fangt ihr schon an? ....
8. Fängst du an oder fange ich an? ....
9. Ich verstehe sein Verhalten nicht. ....
10. Verstehst du alles? ....
11. Wir verstehen nichts. ....
12. Versteht ihr den Unterschied? ....
13. Sie verstehen nicht, dass das sehr wichtig ist. ....
14. Um wie viel Uhr schließt ihr? ....
15. Wir schließen um 10 Uhr abends. ....
16. Ich schließe mein Auto immer ab. ....
17. Viele Geschäfte schließen mittags und öffnen um 5 Uhr. ....
18. Ich warte lieber hier. ....

1. Pienso que es verdad.
2. Ellos/Ellas piensan que todo está bien.
3. ¿Qué piensas?
4. Pensamos que es una buena idea.
5. ¿A qué hora empieza el concierto?
6. Hoy empezamos a las seis.
7. ¿Empezáis ya?
8. ¿Empiezas tú o empiezo yo?
9. No entiendo su comportamiento.
10. ¿Entiendes todo?
11. No entendemos nada.
12. ¿Entendéis la diferencia?
13. Ellos/Ellas no entienden que esto es muy importante.
14. ¿A qué hora cerráis?
15. Cerramos a las diez de la noche.
16. Siempre cierro mi coche.
17. Muchas tiendas cierran a mediodía y abren a las cinco.
18. Prefiero esperar aquí.

Im Spanischen gibt es viele Verben, die wie das Verb **querer** konjugiert werden (siehe Kapitel 7). Der Vokal **e** wird zu **ie** in allen Personen außer in den Formen für die 1. und 2. Pers. Pl. Die Endungen hängen dagegen davon ab, ob das Verb auf **-ar**, **-er** oder **-ir** endet. Hier das erste von ihnen: **pensar** – *denken*:

pienso	*denke*	pensamos	*denken*
piensas	*denkst*	pensáis	*denkt*
piensa	*denkt*	**pie**nsan	*denken*

Das Adjektiv **bueno/buena** steht meistens vor dem Substantiv. Dann wird im maskulinen Genus die Kurzform **buen** verwendet, z. B. **un buen chico** – *ein guter Junge*.

Das Verb **empezar** – beginnen:

emp**ie**zo	*beginne*	empezamos	*beginnen*
emp**ie**zas	*beginnst*	empezáis	*beginnt*
emp**ie**za	*beginnt*	emp**ie**zan	*beginnen*

Das Verb **entender** – *verstehen*:

ent**ie**ndo	*verstehe*	entendemos	*verstehen*
ent**ie**ndes	*verstehst*	entendéis	*versteht*
ent**ie**nde	*versteht*	ent**ie**nden	*verstehen*

Das Verb **cerrar** – schließen:

c**ie**rro	*schließe*	cerramos	*schließen*
c**ie**rras	*schließt*	cerráis	*schließt*
c**ie**rra	*schließt*	c**ie**rran	*schließen*

Das Verb **preferir** – *bevorzugen*:

pref**ie**ro	*bevorzuge*	preferimos	*bevorzugen*
pref**ie**res	*bevorzugst*	preferís	*bevorzugt*
pref**ie**re	*bevorzugt*	pref**ie**ren	*bevorzugen*

19. Welche Farbe magst du lieber? Rot oder grün? ....

20. Möchten Sie lieber einen Kaffee oder einen Tee? ....

21. Erinnerst du dich an etwas? ....

22. Ich erinnere mich an nichts. ....

23. Er findet immer billige Flüge. ....

24. Ich finde meine Tasche nicht. Ich weiß nicht, wo sie ist. ....

25. Wie viel kostet dieser Computer? ....

26. Ich weiß nicht wie viel diese Schuhe kosten. Kannst du fragen? ....

27. Ich komme morgen züruck. ....

28. Um wie viel Uhr kommst du zurück? ....

29. Heute kommen wir um halb fünf zurück. ....

30. Meine Eltern kommen in einer Woche zurück. Wir können eine Party organisieren. ....

31. Ich schlafe nicht viel. Und du? Schläfst du gut? ....

32. Wir schlafen im gleichen Zimmer. Er schläft nebenan. ....

33. Er kommt heute nicht zum Unterricht, aber ich komme und Carmen auch. ....

34. Der Briefträger kommt ungefähr um 11 Uhr. ....

35. Morgen kommen meine Freunde. Es ist mein Geburtstag. ....

36. Kommt ihr mit der Metro? ....

19. ¿Qué color prefieres? ¿El rojo o el verde?

20. ¿Prefiere / Prefieren usted / ustedes un café o un té?

21. ¿Recuerdas algo?

22. No recuerdo nada.

23. Él siempre encuentra vuelos baratos.

24. No encuentro mi bolso. No sé dónde está.

25. ¿Cuánto cuesta este ordenador?

26. No sé cuánto cuestan estos zapatos. ¿Puedes preguntar?

27. Vuelvo mañana.

28. ¿A qué hora vuelves?

29. Hoy volvemos a las cuatro y media.

30. Mis padres vuelven en una semana. Podemos organizar una fiesta.

31. No duermo mucho, ¿y tú? ¿Duermes bien?

32. Dormimos en la misma habitación. Él duerme al lado.

33. Él no viene a clase hoy, pero yo vengo y Carmen también.

34. El cartero viene a las once más o menos.

35. Mañana vienen mis amigos. Es mi cumpleaños.

36. ¿Venís en metro?

Im Spanischen gibt es viele Verben, die wie das Verb **poder** konjugiert werden, das in Kapitel 11 beschrieben wird. Der Vokal **o** wechselt zu **ue** in allen Personen außer in den Formen für die 1. und 2. Pers. Pl., z. B. **recordar** – *sich erinnern*:

rec**ue**rdo	*erinnere (mich)*	recordamos	*erinnern (uns)*
rec**ue**rdas	*erinnerst (dich)*	recordáis	*erinnert (euch)*
rec**ue**rda	*erinnert (sich)*	rec**ue**rdan	*erinnern (sich)*

Das Verb **encontrar** – *finden*:

enc**ue**ntro	*finde*	encontramos	*finden*
enc**ue**ntras	*finde*	encontráis	*findet*
enc**ue**ntra	*findet*	enc**ue**ntran	*finden*

Das Verb **costar** (*kosten*) wird auch wie die oben aufgeführten Verben konjugiert, es wird allerdings nur in der 3. Pers. Sg. und Pl. verwendet, also: **cuesta** – *kostet*, **cuestan** – *kosten*.

Das Verb **volver** – *zurückkommen*:

v**ue**lvo	*komme zurück*	volvemos	*kommen zurück*
v**ue**lves	*kommst zurück*	volvéis	*kommt zurück*
v**ue**lve	*kommt zurück*	v**ue**lven	*kommen zurück*

Das Verb **dormir** – *schlafen*:

d**ue**rmo	*schlafe*	dormimos	*schlafen*
d**ue**rmes	*schläfst*	dormís	*schlaft*
d**ue**rme	*schläft*	d**ue**rmen	*schlafen*

Das Verb **venir** (*kommen*) wird so wie das Verb **tener** konjugiert. Der Vokal **e** wird dabei zu **ie**:

vengo	*komme*	venimos	*kommen*
v**ie**nes	*kommst*	venís	*kommt*
v**ie**ne	*kommt*	v**ie**nen	*kommen*

1. Frierst du? ....
2. Mir ist warm. ....
3. Seid ihr müde? ....
4. Carmen nicht, aber ich bin sehr müde. ....
5. Wir haben es eilig und sie haben es auch eilig. ....
6. Hast du Hunger? ....
7. Ich habe keinen Hunger, aber ich habe Durst. ....
8. Ich habe Angst. ....
9. Warum hast du Angst? ....
10. Du hast recht. Sie hat drei Brüder, aber sie hat keine Schwestern. ....
11. Hast du es eilig? ....
12. Wenn du Durst hast, im Kühlschrank ist Wasser. ....
13. Wenn dir warm ist, kannst du die Klimaanlage einschalten. ....
14. Wenn ihr es eilig habt, könnt ihr ein Taxi nehmen. ....
15. Ja, du hast recht. ....
16. Ich muss heute früher gehen. ....
17. Um wie viel Uhr musst du gehen? ....
18. Hast du Lust etwas zu trinken? ....

1. ¿Tienes frío?

2. Yo tengo calor.

3. ¿Tenéis sueño?

4. Carmen no, pero yo tengo mucho sueño.

5. Tenemos prisa y ellos/ellas también tienen prisa.

6. ¿Tienes hambre?

7. No tengo hambre, pero tengo sed.

8. Tengo miedo.

9. ¿Por qué tienes miedo?

10. Tienes razón. Ella tiene tres hermanos, pero no tiene hermanas.

11. ¿Tienes prisa?

12. Si tienes sed, hay agua en la nevera.

13. Si tienes calor, puedes poner el aire acondicionado.

14. Si tenéis prisa, podéis coger un taxi.

15. Sí, tienes razón.

16. Tengo que salir antes hoy.

17. ¿A qué hora tienes que salir?

18. ¿Tienes ganas de tomar algo?

Das Verb **tener** wird z. B. in folgenden Konstruktionen gebraucht:

tener hambre	*Hunger haben*
tener sed	*Durst haben*
tener frío	*frieren*
tengo calor	*mir ist warm*
tener sueño	*müde sein*
tener prisa	*in Eile sein*
tener miedo	*Angst haben*
tener razón	*recht haben*
tener ganas de	*Lust haben auf*

Mit der Konstruktion **tener miedo** kann man die Präposition **de** verwenden, wenn man konkret angibt, wovor man sich fürchtet, z. B. **Tengo miedo de las arañas.** – *Ich fürchte mich vor Spinnen.*

Das Verb **poner** bedeutet *legen, stellen*. Wenn es mit Gerätebezeichnungen wie Radio, Fernseher, Klimaanlage usw. verwendet wird, dann bedeutet es *einschalten*. Wenn man jedoch *das Licht einschalten* sagen möchte, verwendet man die Verbindung **encender la luz**.

Zur Erinnerung: wenn das Wort **sí** einen Akzent trägt, bedeutet es *ja*, ohne Akzent bedeutet es *wenn* oder *ob*.

Die Verbindung **tener que** bedeutet *müssen* und wird in der Bedeutung häufiger gebraucht als das Verb **deber**, das entweder *müssen* oder *sollen* bedeutet, z. B.
Tienes que / Debes ir al médico. –
Du musst/sollst zum Arzt gehen.
Nach der Verbindung **tener que** steht ein Infinitiv. Das Verb **tener** wird in Abhängigkeit von der Person des Subjekts allein in die entsprechende Form gesetzt.

19. Wir müssen viele Dinge machen. ……………………………………………………………

20. Ich muss mit dir sprechen. ……………………………………………………………

21. Was müssen wir machen, um zu gewinnen? ……………………………………………………………

22. Ich muss etwas erklären. ……………………………………………………………

23. Ihr müsst vor 10 Uhr zurückkommen. ……………………………………………………………

24. Ihr müsst die U-Bahn nehmen, wenn ihr rechtzeitg ankommen wollt. ……………………………………………………………

25. Du musst morgen nicht ins Büro kommen. ……………………………………………………………

26. Wo müssen wir unterschreiben? ……………………………………………………………

27. Sie müssen hier unterschreiben. ……………………………………………………………

28. Sie müssen geradeaus gehen und danach nach rechts abbiegen. ……………………………………………………………

29. Du musst links abbiegen. ……………………………………………………………

30. Wir müssen schon anfangen. ……………………………………………………………

31. Die Kinder müssen sofort hierher kommen. ……………………………………………………………

32. Wir müssen uns unterhalten. ……………………………………………………………

33. Du musst dein Auto nicht verkaufen. ……………………………………………………………

34. Carmen und Juana müssen nach Barcelona gehen. ……………………………………………………………

35. Wir müssen eine Wohnung finden. ……………………………………………………………

36. Du musst nichts sagen. ……………………………………………………………

19. Tenemos que hacer muchas cosas.

20. Tengo que hablar contigo.

21. ¿Qué tenemos que hacer para ganar?

22. Tengo que explicar algo.

23. Tenéis que volver antes de las diez.

24. Tenéis que coger el metro si queréis llegar a tiempo.

25. No tienes que venir a la oficina mañana.

26. ¿Dónde tenemos que firmar?

27. Tiene / Tienen que firmar aquí.

28. Tiene que ir recto y después girar a la derecha.

29. Tienes que girar a la izquierda.

30. Tenemos que empezar ya.

31. Los niños tienen que venir aquí inmediatamente.

32. Tenemos que hablar.

33. No tienes que vender tu coche.

34. Carmen y Juana tienen que ir a Barcelona.

35. Tenemos que encontrar un piso.

36. No tienes que decir nada.

Im Spanischen wird in der Bedeutung *etw. machen müssen* auch das Verb **necesitar** - *brauchen* verwendet, z. B.:
Necesito hablar contigo. -
Ich muss (wört. *ich brauche*) mit dir sprechen.
Necesito explicarte una cosa. -
Ich muss dir eine Sache erklären.
Necesitamos hablar. - *Wir müssen reden.*

Man kann auch **ir en metro** - *mit der U-Bahn fahren* sagen.

Im Spanischen muss man kein Personalpronomen als Subjekt im Satz einsetzen. Im Dialog reicht die Form des Verbes aus, das Subjekt zu erkennen. Der vorliegende Satz könnte auch bedeuten: *Sie* (über irgendwelche Personen) *müssen hier unterschreiben.*

Neue Wörter

....

....

....

....

....

....

....

1. Ich verstehe dich nicht. ....

2. Verstehst du ihn? ....

3. Mario und Manuela sprechen Italienisch.
   Wir verstehen sie nicht. ....

4. Versteht ihr mich? ....

5. Ich verstehe es nicht. ....

6. Kann ich dir helfen? ....

7. Kannst du mir helfen? ....

8. Du musst ihm / ihr die Wahrheit sagen. ....

9. Kannst du mir eine Flasche Wasser bringen? ....

10. Ana ist nicht gekommen. Kannst du sie anrufen? ....

11. Ich kenne ihn nicht. Und du, kennst du ihn? ....

12. Ich weiß es nicht. ....

13. Kannst du unten auf uns warten? ....

14. Du musst mir mehr Zeit geben. ....

15. Ich höre dich nicht. ....

16. Ich mag euch sehr. ....

17. Du musst uns etwas erklären. ....

18. Frau Sánchez ist unsere Nachbarin.
    Aber wir kennen sie nicht gut. ....

1. No te entiendo.
2. ¿Le entiendes?
3. Mario y Manuela hablan italiano.
   No les entendemos.
4. ¿Me entendéis?
5. No lo entiendo.
6. ¿Te puedo ayudar? / ¿Puedo ayudarte?
7. ¿Me puedes ayudar? / ¿Puedes ayudarme?
8. Tienes que decirle la verdad. /
   Le tienes que decir la verdad.
9. ¿Me puedes traer una botella de agua? /
   ¿Puedes traerme una botella de agua?
10. Ana no ha venido. ¿Puedes llamarla? /
    ¿La puedes llamar?
11. No lo / le conozco. ¿Y tú lo / le conoces?
12. No lo sé.
13. ¿Nos puedes esperar abajo? /
    ¿Puedes esperarnos abajo?
14. Tienes que darme más tiempo. /
    Me tienes que dar más tiempo.
15. No te oigo.
16. Os quiero mucho.
17. Tienes que explicarnos una cosa. /
    Nos tienes que explicar una cosa.
18. La Sra. Sánchez es nuestra vecina.
    Pero no la conocemos bien.

In diesem und im nächsten Kapitel werden die Objektpronomen besprochen. Diese variieren in Abhängigkeit davon, ob sie nach einer Präposition oder direkt am Verb stehen. Wenn sie direkt am Verb stehen, haben die direkten Objektpronomen folgende Formen:

me quiere	*er/sie mag mich*
te quiero	*ich mag dich*
lo/le quiero	*ich mag ihn*
la quiero	*ich mag sie*
lo quiero	*ich mag es*
nos quieren	*sie mögen uns*
os quiero	*ich mag euch*
los quiero	*ich mag sie*
las quiero	*ich mag sie*

In Sätzen, die zwei Verben enthalten, z. B. **poder** oder **tener que** + ein anderes Verb, können die Pronomen an zwei Stellen stehen: vor beiden Verben oder in Verbindung mit dem zweiten Verb, z. B.: **Lo/La tienes que conocer./ Tienes que conocerlo/la.** – *Du musst ihn/sie kennenlernen.*

Wenn das Verb **llamar** mit einem Pronomen steht, kommt keine Präposition zur Anwendung. Gibt man mit einem Substantiv oder einem Namen an, wen man anruft, muss man die Präposition **a** einsetzen, z. B.: **¿Puedes llamar a Mar?** – *Kannst du Mar anrufen?* **Llama a tu hermana.** – *Ruf deine Schwester an.* Wenn nur ein Pronomen verwendet wird, steht kein **a**, sondern es steht entweder vor dem Verb oder wird im Falle einer Imperativform unmittelbar mit diesem verbunden: **Llámala.** – *Ruf sie an.* Wenn dagegen nur das Pronomen benutzt wird, steht es zwischen dem Verneinungswort **no** und dem Verb, vgl.: **No la conozco.** – *Ich kenne sie nicht.*

19. Ich habe einen Hund und ich mag ihn sehr. ....

20. Meine Enkel wohnen in Granada. Besucht ihr sie? ....

21. Du musst mir die Adresse geben. ....

22. Du musst uns die Fotos bringen. ....

23. Ich sehe ihn immer an der Haltestelle. ....

24. Siehst du ihn auch? ....

25. Ich sage euch etwas. ....

26. Ich warte unten auf dich. ....

27. Hilfst du mir? ....

28. Wo ist meine Sonnencreme?
Ich kann sie nicht finden. ....

29. Ich rufe ihn nicht an. ....

30. Ich schreibe dir morgen, einverstanden? ....

31. Ich bringe euch eine Flasche Wein. ....

32. Ich helfe dir. ....

33. Ich gehe zum Markt und kaufe dir Äpfel. ....

34. Ich sage euch die Wahrheit. ....

35. Pablo und María sind noch zu Hause.
Warten wir auf sie? ....

36. Fahren wir mit der U-Bahn? ....

19. Tengo un perro y lo quiero mucho.

> Bei Bezug auf Sachen oder Tiere wird das Pronomen **lo** verwendet.

20. Mis nietos viven en Granada. ¿Los visitáis?

21. Tienes que darme la dirección. / Me tienes que dar la dirección.

22. Tienes que traernos las fotos. / Nos tienes que traer las fotos.

23. Siempre lo / le veo en la parada.

> Im Fall der dritten Person (**él**) kann man das Pronomen **lo** nur dann verwenden, wenn ein direktes Objekt gefordert ist (z. B. bei den Verben **ver, conocer**). Die indirekten Objekte werden im Folgenden behandelt.

24. ¿Tú lo / le ves también?

25. Os digo una cosa.

> In diesem und den folgenden Sätzen kommt das Präsens zur Anwendung.

26. Te espero abajo.

> Wenn im Satz nur ein Verb vorhanden ist, dann steht das Pronomen immer vor diesem, z. B. **Te espero abajo.** Wenn es dagegen zwei Verben im Satz gibt, z. B. **poder** + Verb, **tener que** + Verb, dann steht das Pronomen entweder am Anfang, d. h. vor dem ersten Verb, oder es wird mit dem zweiten Verb verbunden, z. B.: **Te puedo esperar abajo. / Puedo esperarte abajo.** – *Ich kann unten auf dich warten.*

27. ¿Me ayudas?

28. ¿Dónde está mi crema solar? No puedo encontrarla. / No la puedo encontrar.

29. No lo llamo.

30. Te escribo mañana, ¿vale?

> Im Spanischen werden die Objektpronomen in direkte und indirekte unterteilt, was allerdings nur in Bezug auf die 3. Pers. eine Änderung der Form bedeutet. Das Verb **escribir** ist ein Beispiel für ein Verb, das ein indirektes Objekt erfordert (**complemento indirecto**). Es wird entsprechend mit folgenden Pronomen verwendet:
>
> | | |
> |---|---|
> | me escribes | *du schreibst mir* |
> | te escribo | *ich schreibe dir* |
> | le escribo | *ich schreibe ihm/ihr* |
> | nos escribes | *du schreibst uns* |
> | os escribo | *ich schreibe euch* |
> | les escribo | *ich schreibe ihnen/Ihnen* |
>
> Diese Formen stehen auch mit den Verben **decir, traer** usw.

31. Os traigo una botella de vino.

32. Te ayudo.

33. Voy al mercado y te compro manzanas.

34. Os digo la verdad.

35. Pablo y María están todavía en casa. ¿Los esperamos?

36. ¿Vamos en metro?

1. Ich habe dein Geschenk.

   ....

2. Ich habe es.

   ....

3. Ich habe einen Drucker.

   ....

4. Ich habe ihn zu Hause.

   ....

5. Ich kaufe das Brot in diesem Supermarkt.

   ....

6. Ich kaufe es in diesem Supermarkt.

   ....

7. Ich sehe Juan jeden Tag.

   ....

8. Ich sehe ihn jeden Tag.

   ....

9. Ich kenne deinen Bruder.

   ....

10. Ich kenne ihn.

    ....

11. Ich verstehe die Lehrerin nicht.

    ....

12. Ich verstehe sie nicht.

    ....

13. Ich besuche meine Eltern an den Wochenenden.

    ....

14. Ich besuche sie an den Wochenenden.

    ....

15. Ich brauche Geld.

    ....

16. Ich brauche es heute.

    ....

17. Ich mag Carmen.

    ....

18. Ich mag sie sehr.

    ....

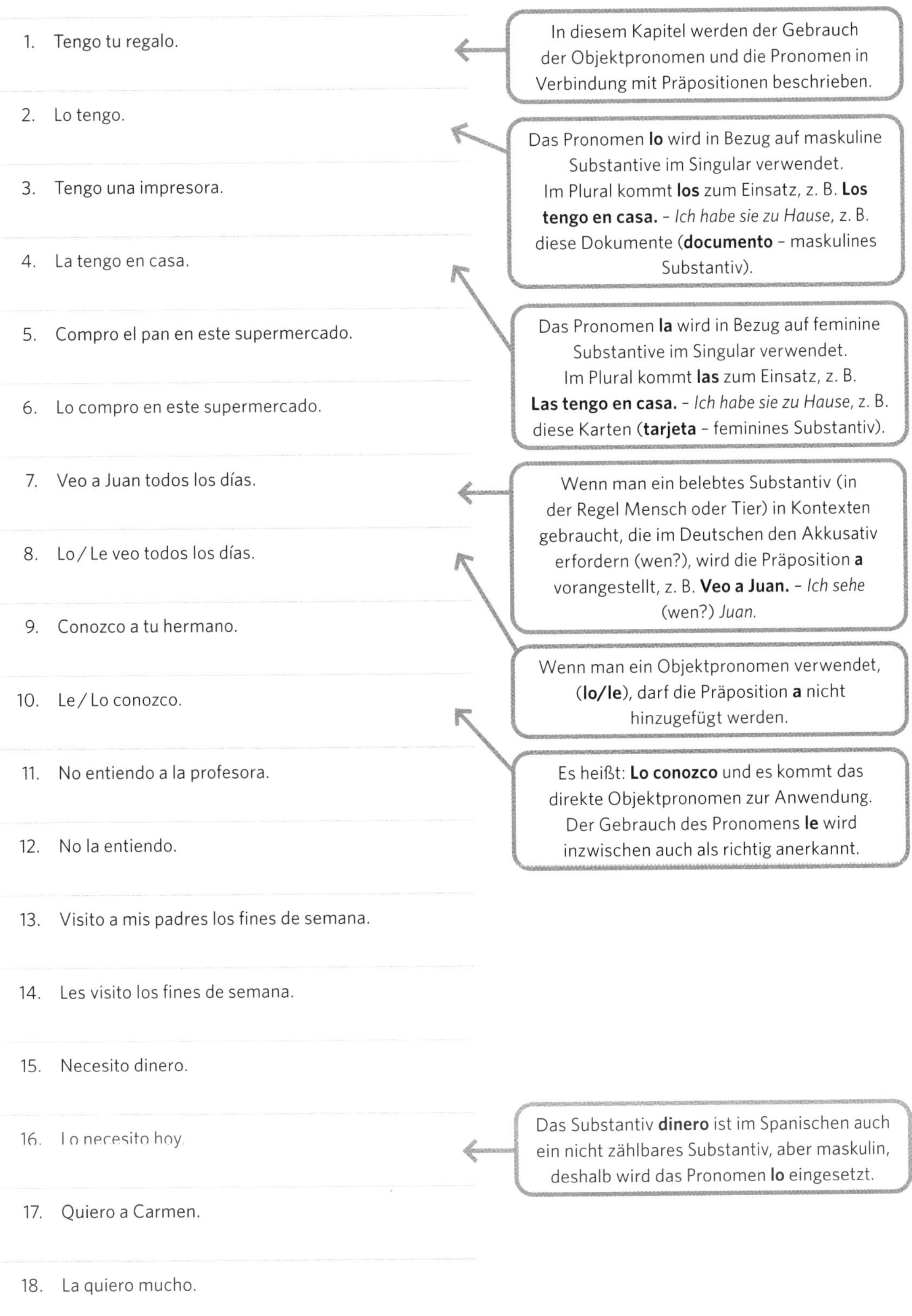

1. Tengo tu regalo.

In diesem Kapitel werden der Gebrauch der Objektpronomen und die Pronomen in Verbindung mit Präpositionen beschrieben.

2. Lo tengo.

Das Pronomen **lo** wird in Bezug auf maskuline Substantive im Singular verwendet. Im Plural kommt **los** zum Einsatz, z. B. **Los tengo en casa.** – *Ich habe sie zu Hause*, z. B. diese Dokumente (**documento** – maskulines Substantiv).

3. Tengo una impresora.

4. La tengo en casa.

Das Pronomen **la** wird in Bezug auf feminine Substantive im Singular verwendet. Im Plural kommt **las** zum Einsatz, z. B. **Las tengo en casa.** – *Ich habe sie zu Hause*, z. B. diese Karten (**tarjeta** – feminines Substantiv).

5. Compro el pan en este supermercado.

6. Lo compro en este supermercado.

7. Veo a Juan todos los días.

Wenn man ein belebtes Substantiv (in der Regel Mensch oder Tier) in Kontexten gebraucht, die im Deutschen den Akkusativ erfordern (wen?), wird die Präposition **a** vorangestellt, z. B. **Veo a Juan.** – *Ich sehe* (wen?) *Juan.*

8. Lo / Le veo todos los días.

Wenn man ein Objektpronomen verwendet, (**lo/le**), darf die Präposition **a** nicht hinzugefügt werden.

9. Conozco a tu hermano.

10. Le / Lo conozco.

Es heißt: **Lo conozco** und es kommt das direkte Objektpronomen zur Anwendung. Der Gebrauch des Pronomens **le** wird inzwischen auch als richtig anerkannt.

11. No entiendo a la profesora.

12. No la entiendo.

13. Visito a mis padres los fines de semana.

14. Les visito los fines de semana.

15. Necesito dinero.

16. Lo necesito hoy.

Das Substantiv **dinero** ist im Spanischen auch ein nicht zählbares Substantiv, aber maskulin, deshalb wird das Pronomen **lo** eingesetzt.

17. Quiero a Carmen.

18. La quiero mucho.

19. Ich habe einen Computer. ....

20. Ich habe ihn zu Hause. ....

21. Du musst die Schlüssel suchen. ....

22. Du musst sie suchen. ....

23. Sie wohnt in der Nähe von mir. ....

24. Wir sprechen nicht von ihnen.
    Wir sprechen von uns. ....

25. Heute ist der Geburtstag von María.
    Dieses Buch ist für sie. ....

26. Dieses Geschenk ist für euch. ....

27. Ist es für mich? Vielen Dank. ....

28. Es ist nicht für dich. Es ist für ihn. ....

29. Ich habe eine Nachricht von der Chefin für euch. ....

30. Was möchte sie von uns? ....

31. Für sie ist es sehr wichtig. ....

32. Für mich ist es nicht wichtig. ....

33. Möchtest du mit ihm sprechen? ....

34. Möchtest du mit uns spielen? ....

35. Ich muss mit dir sprechen. ....

36. Kannst du mit mir gehen? ....

19. Tengo un ordenador.
20. Lo tengo en casa.
21. Tienes que buscar las llaves.
22. Tienes que buscarlas. / Las tienes que buscar.
23. Ella vive cerca de mí.
24. No hablamos de ellos/ellas. Hablamos de nosotros/nosotras.
25. Hoy es el cumpleaños de María. Este libro es para ella.
26. Este regalo es para vosotros/vosotras.
27. ¿Es para mí? Muchas gracias.
28. No es para ti. Es para él.
29. Tengo una noticia de la jefa para vosotros/vosotras.
30. ¿Qué quiere de nosotros/nosotras?
31. Para ella/ellos/ellas es muy importante.
32. Para mí no es importante.
33. ¿Quieres hablar con él?
34. ¿Quieres jugar con nosotros/nosotras?
35. Tengo que hablar contigo.
36. ¿Puedes ir conmigo?

In der Verbindung mit Präpositionen, z. B. **de, para, a, sobre** usw., werden folgende Formen der Personalpronomen verwendet:

para **mí**	*für mich*
para **ti**	*für dich*
para **él**	*für ihn*
para **ella**	*für sie*
para **usted**	*für Sie*
para **nosotros/ nosotras**	*für uns*
para **vosotros/ vosotras**	*für euch*
para **ustedes**	*für Sie*

Wie zu sehen ist, sind es im Spanischen mit Ausnahme der Pronomen für die 1. und 2. Pers. Sg. (**mí, ti**) dieselben (vgl. **él, ella, nosotros** usw.).

Es ist zu beachten, dass man, wenn man nur mit Frauen spricht, die femininen Formen der Pronomen in der 1. und 2. Pers. Pl. verwenden muss: **Tengo noticias para vosotras.** So auch im folgenden Satz: **¿Qué quieren de nosotras?**

Mit der Präposition **con** sind die Verbindungen wie folgt:

conmigo	*mit mir*
contigo	*mit dir*
con él	*mit ihm*
con ella	*mit ihr*
con usted	*mit Ihnen*
con nosotros/ nosotras	*mit uns*
con vosotros/ vosotras	*mit euch*
con ustedes	*mit Ihnen*

Neue Wörter

....

....

....

1. Mir gefällt dein Kleid.
   ....
2. Gefällt dir diese Musik?
   ....
3. Das gefällt mir nicht.
   ....
4. Uns gefällt diese Stadt nicht.
   ....
5. Mir gefällt es sehr.
   ....
6. Uns gefällt diese Serie.
   ....
7. Mir gefallen diese Bücher.
   ....
8. Gefallen euch diese Hosen?
   ....
9. Ihm gefällt dieser Film, aber ihr nicht.
   ....
10. Mir gefallen seine Filme nicht, aber ihnen schon.
    ....
11. Mir gefällt dieses Buch, aber ihm nicht.
    ....
12. Juan mag Fußball sehr.
    ....
13. Kinder mögen Schokolade sehr.
    ....
14. Mögt ihr italienisches Essen?
    ....
15. Ich mag es nicht, aber mein Mann schon.
    ....
16. Ihm gefällt Sport sehr, aber ihr nicht.
    ....
17. Gefällt dir meine neue Frisur?
    ....
18. Kinder schwimmen gerne.
    ....

1. (A mí) me gusta tu vestido.
2. ¿(A ti) te gusta esta música?
3. No me gusta esto.
4. No nos gusta esta ciudad.
5. (A mí) me gusta mucho.
6. (A nosotros/nosotras) nos gusta esta serie.
7. Me gustan estos libros.
8. ¿Os gustan estos pantalones?
9. A él le gusta esta película, pero a ella/ellas no.
10. A mí no me gustan sus películas, pero a ellos sí.
11. A mí me gusta este libro, pero a él no.
12. A Juan le gusta mucho el fútbol.
13. A los niños les gusta mucho el chocolate.
14. ¿Os gusta la comida italiana?
15. A mí no me gusta, pero a mi marido sí.
16. A él le gusta mucho el deporte, pero a ella no.
17. ¿Te gusta mi nuevo peinado?
18. A los niños les gusta nadar.

Das Verb **gustar** (*mögen, gefallen*) wird immer mit folgenden indirekten Objektpronomen gebraucht:

(a mí) me gusta	*mir gefällt*
(a ti) te gusta	*dir gefällt*
(a él) le gusta	*ihm gefällt*
(a ella) le gusta	*ihr gefällt*
(a usted) le gusta	*Ihnen gefällt*
(a nosotros/ nosotras) nos gusta	*uns gefällt*
(a vosotros/ vosotras) os gusta	*euch gefällt*
(a ellos) les gusta	*ihnen gefällt*
(a ellas) les gusta	*ihnen gefällt*
(a ustedes) les gusta	*Ihnen gefällt*

Die Konstruktion **a** + Pronomen wird dann gebraucht, wenn man betonen will, von wem die Rede ist und dies aus dem Kontext nicht hervorgeht.
Steht das entsprechende Substantiv im Plural, z. B. **libros, pantalones** usw., wird auch das Verb in den Plural gesetzt: **gustan** (Sätze 7, 8, 10).

Das Wort **mí** als Personalpronomen, das nach Präpositionen gebraucht wird (**a mí**) trägt ein Akzentzeichen, das Possessivadjektiv (**mi marido** – *mein Mann*) dagegen nicht.

Präposition und Pronomen (**a él**) kann man prinzipiell weglassen. Allerdings wird die Verbindung in Hinblick darauf, dass die Form **le** sowohl für *er* als auch *sie* steht, häufig angewendet, um klarzustellen, um wen es sich konkret handelt.
Die Verbindung wird auch häufig verwendet, wenn im Satz von zwei verschiedenen Personen die Rede ist.

19. Mir gefällt das Hotel. Und dir? ....

20. Warum kochst du nicht gerne? ....

21. Carmen und Juan tanzen gerne. ....

22. María und Ana essen nicht gerne Thunfisch. ....

23. Gefällt Ihnen dieses Modell? ....

24. Uns gefällt die Farbe schwarz nicht, und euch? ....

25. Tut dir etwas weh? ....

26. Mir tut nichts weh. ....

27. Ja. Mir tut der Kopf weh. ....

28. Martín tun die Füße weh. ....

29. Mir scheint, dass er recht hat. ....

30. Was hältst du davon? ....

31. Wir finden es gut. ....

32. Ich finde es nicht gut. ....

33. Dieses Hemd gefällt mir nicht so gut. ....

34. Ich finde es sehr teuer. ....

35. Mir gefällt Reisen sehr. ....

36. Ihm gefällt diese Art von Musik sehr. ....

19. A mí me gusta el hotel. ¿Y a ti?

20. ¿Por qué no te gusta cocinar?

21. A Carmen y Juan les gusta mucho bailar.

22. A María y a Ana no les gusta comer atún.

23. ¿Le/Les gusta este modelo?

24. No nos gusta el color negro, ¿y a vosotros/vosotras?

25. ¿Te duele algo?

26. No me duele nada.

27. Sí. Me duele la cabeza.

28. A Martín le duelen los pies.

29. (A mí) me parece que él tiene razón.

30. ¿(A ti) qué te parece?

31. Nos parece bien.

32. (A mí) no me parece bien.

33. Esta camisa no me gusta mucho./ No me gusta mucho esta camisa.

34. Me parece muy cara.

35. Me encanta viajar.

36. (A él) le encanta este tipo de música.

Das Verb **gustar** wird mit einem Verb im Infinitiv verwendet, z. B.
Me gusta cantar. – *Ich singe gern.*
In diesem Fall heißt die Frage an das Gegenüber nicht **¿y tú?**, sondern **¿Y a ti?**, da das Verb mit der Präposition **a** steht.

Wenn es sich beim Subjekt um einen Namen bzw. ein belebtes Substantiv handelt, muss immer die Vollform mit der Präposition **a** verwendet werden, z. B.
A Ana / A mi hija le gusta este color. – *Ana / Meiner Tochter gefällt diese Farbe.*

Wenn das Verb **gustar** mit einem Substantiv gebraucht wird, um konkret zu sagen, was jemandem gefällt, wird vor dieses Substantiv der bestimmte Artikel **el, la, los** oder **las** gesetzt, z. B.:
Me gusta la cocina italiana. – *Ich mag die italienische Küche.*
Me gusta el deporte. – *Ich liebe Sport.*

Das Verb **doler** bedeutet *schmerzen* und wird genauso wie das Verb **poder** konjugiert. Der Vokal **o** wird zu **ue** (**doler – duele, duelen**). **Doler** steht mit denselben Pronomen wie das Verb **gustar**.

Wenn nach solch einem Verb ein Substantiv im Plural steht, muss auch die Verbform entsprechend angepasst werden, z. B.:
Me duele la pierna. – *Mir schmerzt das Bein.*
Me duelen las piernas. – *Mir schmerzen die Beine.*
Im Spanischen werden, wie auch im Deutschen, Körperteile in Verbindung mit dem bestimmten Artikel **el, la, los, las** verwendet.

Genauso werden auch diese Verben gebraucht:

parecer	*scheinen*
encantar	*begeistern, erfreuen*

Zum Beispiel:

Me parece que	*Mir scheint, dass ...*
Me encanta	*Mich begeistert ...*

1. Ich stehe früh auf, um 7 Uhr. Und du? Um wie viel Uhr stehst du auf? ....
2. Wir wachen um halb acht auf, aber wir stehen um Viertel nach acht auf. ....
3. In den Ferien baden wir im Meer. ....
4. Wie heißt du? ....
5. Ich heiße Carmen und mein Mann heißt Paco. ....
6. Wie heißt das? ....
7. Alicia und Javier heiraten diesen Sommer. Und ihr? Wann heiratet ihr? ....
8. Mit was beschäftigst du dich? ....
9. Morgens dusche ich immer, danach rasiere ich mich und kämme mich. ....
10. Er steht früh auf, duscht sich und putzt sich die Zähne. ....
11. Die Kinder putzen sich die Zähne morgens und abends. ....
12. Ich bade gerne im Schwimmbad. ....
13. Schminkst du dich gerne? ....
14. Um wie viel Uhr geht ihr schlafen? ....
15. Ich gehe ungefähr um 11 Uhr schlafen, aber mein Mann geht um Mitternacht schlafen. ....
16. Wir gehen. ....
17. Meine Tochter schminkt sich nicht, aber sie lackiert sich die Fingernägel. ....
18. Um wie viel Uhr wachen deine Kinder normalerweise auf? ....

1. Me levanto temprano, a las siete. ¿Y tú? ¿A qué hora te levantas?
2. Nos despertamos a las siete y media, pero nos levantamos a las ocho y cuarto.
3. En las vacaciones nos bañamos en el mar.
4. ¿Cómo te llamas?
5. Me llamo Carmen y mi marido se llama Paco.
6. ¿Cómo se llama esto?
7. Alicia y Javier se casan este verano. ¿Y vosotros/vosotras? ¿Cuándo os casáis?
8. ¿A qué te dedicas?
9. Por la mañana siempre me ducho, después me afeito y me peino.
10. Él se levanta temprano, se ducha y se lava los dientes.
11. Los niños se lavan los dientes por la mañana y por la tarde.
12. Me gusta bañarme en la piscina.
13. ¿Te gusta maquillarte?
14. ¿A qué hora os acostáis?
15. Yo me acuesto a las once más o menos, pero mi marido se acuesta a medianoche.
16. Nos vamos.
17. Mi hija no se maquilla, pero se pinta las uñas.
18. ¿A qué hora se despiertan tus hijos normalmente?

Die wichtigsten reflexiven Verben sind:

bañarse	*(sich) baden*
levantarse	*aufstehen, sich erheben*
despertarse	*aufwachen*
acostarse	*sich hinlegen*
ducharse	*(sich) duschen*
vestirse	*sich anziehen*
peinarse	*sich kämmen*
afeitarse	*sich rasieren*
pintarse/ maquillarse	*sich schminken*
lavarse	*sich waschen*
llamarse	*heißen, sich nennen*
acordarse	*sich erinnern*
sentarse	*sich setzen*
quedarse	*bleiben*
casarse	*heiraten*
sentirse	*sich fühlen*
irse	*weggehen*
alegrarse	*sich erfreuen*

Die reflexiven Verben im Spanischen werden mit folgenden Reflexivpronomen gebraucht:

me baño	*ich bade mich*
te bañas	*du badest dich*
se baña	*er/sie badet sich; Sie baden sich*
nos bañamos	*wir baden uns*
os bañáis	*ihr badet euch*
se bañan	*sie baden sich; Sie baden sich*

Wenn das Verb im Infinitiv steht, wird das entsprechende Reflexivpronomen angefügt, z. B. **bañarme, quedarte** usw.

Das reflexive Verb **irse** wird häufiger gebraucht als nur **ir**. Bei **ir** liegt die Betonung mehr auf dem Ort, zu dem man geht, z. B. **Vamos al cine.**

Das Verb **despertarse** (*aufwachen*) wird unregelmäßig wie das Verb **pensar** konjugiert.

19. Ich erinnere mich nicht, wie dieses Mädchen heißt. ....

20. Erinnerst du dich, wie sie heißt? ....

21. Ich freue mich sehr. ....

22. Heute bleibe ich zu Hause. ....

23. Warum bleibt du zu Hause? ....

24. Manchmal bleibt er bis 10 Uhr abends im Büro. ....

25. Möchtet ihr hier bleiben? ....

26. Meine Kinder ziehen sich alleine an. ....

27. Ziehen wir uns an und gehen wir, einverstanden? ....

28. Möchtest du dich hier hinsetzen? ....

29. Herr Sánchez, möchten Sie sich hier hinsetzen? ....

30. Wir setzen uns immer in die erste Reihe. ....

31. Ana und Pedro sitzen in der letzten Reihe. ....

32. Fühlst du dich gut? ....

33. Ich fühle mich gut, und du? Wie fühlst du dich? ....

34. Wir fühlen uns schlecht. ....

35. Sie leben zusammen, aber sie verstehen sich nicht. ....

36. Ich gehe. Und du, gehst du auch? ....

19. No me acuerdo cómo se llama esa chica.

20. ¿Te acuerdas cómo se llama?

21. Me alegro mucho.

22. Hoy me quedo en casa.

23. ¿Por qué te quedas en casa?

24. A veces, él se queda en la oficina hasta las diez de la noche.

25. ¿Queréis quedaros aquí? / ¿Os queréis quedar aquí?

26. Mis niños se visten solos.

27. Nos vestimos y nos vamos, ¿vale?

28. ¿Quieres sentarte aquí?

29. Señor Sánchez, ¿quiere sentarse aquí?

30. Siempre nos sentamos en la primera fila.

31. Ana y Pedro se sientan en la última fila.

32. ¿Te sientes bien?

33. Me siento bien, ¿y tú? ¿Cómo te sientes?

34. Nos sentimos mal.

35. Ellos/Ellas viven juntos/juntas, pero no se entienden.

36. Yo me voy. ¿Y tú te vas también? / ¿Y tú también te vas?

Das Verb **acordarse** (*sich erinnern*) wird unregelmäßig konjugiert, so wie das Verb **poder**:

me ac**ue**rdo	nos acordamos
te ac**ue**rdas	os acordáis
se ac**ue**rda	se ac**ue**rdan

Es kann auch mit der Präposition **de** stehen: **acordarse de** – *sich erinnern an*. Genauso wird das Verb **acostarse** (*schlafen gehen*) konjugiert.

Das Verb **quedar** mit dem Reflexivpronomen **se**, also **quedarse**, bedeutet *an einem Ort bleiben*. Ohne Pronomen hat es weitere Bedeutungen, z. B.:
No queda mucho tiempo. – *Es bleibt nicht viel Zeit.*
Le queda bien esta camisa. – *Das Hemd passt / steht ihm gut.*

Das Verb **vestirse** (*sich anziehen*) wird unregelmäßig konjugiert, so wie das Verb **pedir**:

me v**i**sto	nos vestimos
te v**i**stes	os vestís
se v**i**ste	se v**i**sten

Das Verb **sentarse** (*sich setzen*) wird unregelmäßig konjugiert, so wie das Verb **pensar**. Die Endungen sind wie bei den Verben auf **-ar**:

me s**ie**nto	nos sentamos
te s**ie**ntas	os sentáis
se s**ie**nta	se s**ie**ntan

Das Verb **sentirse** wird ebenso konjugiert, die Endungen sind jedoch wie bei den Verben auf **-ir**:

me s**ie**nto	*ich fühle mich*
te s**ie**ntes	*du fühlst dich*
se s**ie**nte	*er, sie fühlt sich; Sie fühlen sich*
nos sentimos	*wir fühlen uns*
os sentís	*ihr fühlt euch*
se s**ie**nten	*sie fühlen sich, Sie fühlen sich*

1. Ich arbeite jetzt. ....
2. Im Moment telefoniert Juan. ....
3. Die Kinder spielen gerade im Park. ....
4. Jetzt kann ich nicht gehen. Ich wasche gerade mein Auto. ....
5. Im Moment schauen wir fern. ....
6. Carmen macht gerade das Abendessen. ....
7. Die Kinder lernen gerade. Morgen haben sie eine Prüfung. ....
8. Was machst du gerade? ....
9. Ich lerne gerade. ....
10. Ich kann gerade nicht kommen. Ich mache gerade einen Kuchen. ....
11. Es regnet gerade. ....
12. Was suchst du? ....
13. Ich suche meine Handschuhe. ....
14. Was macht ihr gerade? ....
15. Ich koche gerade. Paco putzt gerade das Haus. Die Kinder sehen gerade fern. ....
16. Schneit es gerade? ....
17. Im Moment schneit es nicht. ....
18. Wir hören gerade Musik. ....

1. Estoy trabajando ahora.
2. En este momento Juan está hablando por teléfono.
3. Los niños están jugando en el parque.
4. Ahora no puedo ir. Estoy lavando mi coche.
5. En este momento estamos viendo la tele.
6. Carmen está preparando la cena.
7. Los niños están estudiando. Mañana tienen un examen.
8. ¿Qué estás haciendo?
9. Estoy estudiando.
10. Ahora mismo no puedo venir. Estoy haciendo un pastel.
11. Está lloviendo.
12. ¿Qué estás buscando?
13. Estoy buscando mis guantes.
14. ¿Qué estáis haciendo?
15. Yo estoy cocinando. Paco está limpiando la casa. Los niños están viendo la tele.
16. ¿Está nevando?
17. En este momento no está nevando.
18. Estamos escuchando música.

Die Konstruktion **estar + gerundio**, d. h. das Verb **estar** in Verbindung mit einer Verbform mit dem Suffix **-ando** oder **-iendo**, wird zur Bezeichnung von Handlungen verwendet, die im Moment andauern.

Das Verb **estar** wird dem Subjekt entsprechend konjugiert. Die Form des **gerundio** hängt von der Infinitivendung des jeweiligen Verbs ab: Verben auf **-ar** bilden das Gerundium auf folgende Weise: die Infinitivendung wird gestrichen und das Suffix **-ando** angehängt, z. B.:

hablar	hablando
llamar	llamando
limpiar	limpiando

Die Verben auf **-er** oder **-ir** erhalten nach Streichung der Infinitivendung das Suffix **-iendo** (der Vokal **e** oder **i** wird zu **ie**), z. B.:

beber	beb**iendo**
comer	com**iendo**
vivir	viv**iendo**
salir	sal**iendo**

In einigen Fällen kann man auch das Präsens zur Bezeichnung von Handlungen verwenden, die im gegebenen Moment ausgeführt werden. Deshalb kann man auch fragen:
¿Qué haces? – *Was machst du?*
Es gibt Verben, die in der Regel nicht in der Gerundialform verwendet werden, obwohl die Handlungen im gegebenen Moment andauern, z. B.:

tener
Tengo gripe. – *Ich habe Grippe.*
querer
¿Quieres salir ahora mismo? – *Willst du gerade gehen?*
ir
Voy a casa. – *Ich gehe nach Hause.*
venir
Hoy vienen mis padres. – *Heute kommen meine Eltern.*
funcionar
Este ordenador no funciona. – *Dieser Computer funktioniert nicht.*

19. Ich versuche gerade ihn anzurufen. ....

20. Was passiert hier gerade? ....

21. Schlafen die Kinder schon? ....

22. Juan ist sehr müde und jetzt schläft er. ....

23. Sie spricht gerade mit mir, nicht mit dir. ....

24. Wir gehen schon hinaus. ....

25. Was liest du gerade? ....

26. Ich lese gerade die Zeitung. ....

27. Die Kinder baden gerade im Meer. ....

28. Kann ich hereinkommen? ....

29. Nein, ich dusche gerade. ....

30. Was trinkt/ esst ihr? ....

31. Wir sind in einer Diskothek. Die Leute tanzen und singen gerade. ....

32. Herr und Frau Sánchez warten gerade auf den Bus. ....

33. Wir denken gerade daran nach Ibiza umzuziehen. ....

34. Silvia macht gerade etwas zu essen. Möchtest du ihr helfen? ....

35. Ich habe keinen Hunger. ....

36. Cristina ist nicht da. Sie macht gerade den Einkauf. ....

19. Estoy intentando llamarlo / le.

20. ¿Qué está pasando aquí?

21. ¿Los niños están durmiendo ya?

22. Juan está muy cansado y ahora está durmiendo.

23. Ella está hablando conmigo, no contigo.

24. Estamos saliendo ya.

25. ¿Qué estás leyendo?

26. Estoy leyendo el periódico.

27. Los niños se están bañando en el mar.

28. ¿Puedo entrar?

29. No, me estoy duchando. / No, estoy duchándome.

30. ¿Qué estáis tomando?

31. Estamos en una discoteca. La gente está bailando y cantando.

32. Los Srs. Sánchez están esperando al autobús.

33. Estamos pensando en mudarnos a Ibiza.

34. Silvia está haciendo algo para comer. ¿Quieres ayudarla?

35. No tengo hambre.

36. Cristina no está. Está haciendo la compra.

Man kann auch sagen: **¿Qué pasa aquí?**

Einige Verben bilden die Gerundialform auf unregelmäßige Art und Weise. Es sind folgende:

dormir	durmiendo
leer	leyendo
corregir	corrigiendo
pedir	pidiendo
mentir	mintiendo

Man kann auch formulieren: **Salimos ya.**

Die Konstruktion **estar + gerundio** wird häufig mit folgenden Temporalbestimmungen gebraucht:

ahora	*jetzt*
ahora mismo	*sofort, gerade*
en este momento	*in (diesem) Moment*
en estos momentos	*in diesen Momenten*

Das Reflexivpronomen tritt im Spanischen entweder vor dem Verb **estar** auf oder in Verbindung mit der Gerundialform, z. B. **Están bañándose**.

Das Verb **tomar** heißt wörtlich *nehmen*. Es wird auch in der Bedeutung *essen/trinken* in einer Bar, einem Restaurant usw. verwendet. Man sagt z. B.:
¿Qué queréis tomar? – *Was möchten Sie trinken?*
Vamos a tomar algo. – *Gehen wir etwas essen/trinken. / Wir gehen etwas essen/trinken.*

Mit dem Verb **pensar** wird die Präposition **en** verwendet – *denken an*.

Neue Wörter

....

....

1. Ich glaube, es gibt ein Problem. ……………………………………………………
2. Das Problem ist, dass wir keine Zeit haben. ……………………………………………………
3. Der Junge, der hier in der Nähe lebt, studiert Medizin. ……………………………………………………
4. Madrid ist eine wunderbare Stadt. ……………………………………………………
5. Es ist viel Verkehr im Zentrum der Stadt. ……………………………………………………
6. San Miguel ist ein sehr bekanntes Restaurant. ……………………………………………………
7. Es sind viele Leute im Restaurant. ……………………………………………………
8. Es gibt ein Restaurant in der Nähe. ……………………………………………………
9. Pedro arbeitet in einem Büro. ……………………………………………………
10. Es ist sehr heiß im Büro. ……………………………………………………
11. Am Montag gehen wir an den Strand. ……………………………………………………
12. Der Film fängt um 5 Uhr nachmittags an. ……………………………………………………
13. Mein Geburtstag ist der 25. Juli. ……………………………………………………
14. Heute gehen wir auf die Party. ……………………………………………………
15. Ich gehe in den Supermarkt. Soll ich dir etwas kaufen? ……………………………………………………
16. Ich mag das Meer, den Strand und die Berge sehr. ……………………………………………………
17. Ein Mann möchte mit dir sprechen. ……………………………………………………
18. Der Mann, der mit dir sprechen möchte, wartet unten. ……………………………………………………

1. Creo que hay un problema.
2. El problema es que no tenemos tiempo.
3. El chico que vive cerca de aquí estudia medicina.
4. Madrid es una ciudad preciosa.
5. Hay mucho tráfico en el centro de la ciudad.
6. San Miguel es un restaurante muy conocido.
7. Hay mucha gente en el restaurante.
8. Hay un restaurante cerca de aquí.
9. Pedro trabaja en una oficina.
10. Hace mucho calor en la oficina.
11. El lunes vamos a la playa.
12. La película empieza a las cinco de la tarde.
13. Mi cumpleaños es el 25 (veinticinco) de julio.
14. Hoy vamos a la fiesta.
15. Voy al supermercado. ¿Te compro algo?
16. Me encanta el mar, la playa y las montañas.
17. Un hombre quiere hablar contigo.
18. El hombre que quiere hablar contigo espera abajo.

Un/una/unos/unas sind unbestimmte Artikel, die vor Substantiven stehen, die nicht näher bestimmt bzw. beschrieben werden. Häufig übersetzt man sie auch mit *irgendein, ein gewisser*:
un + Sg., maskulin, z. B. **un chico**
una + Sg., feminin, z. B. **una chica**
unos + Pl., maskulin, z. B. **unos chicos**
unas + Pl., feminin, z. B. **unas chicas**

Bestimmte Artikel sind:
el + Sg., maskulin, **la** + Sg., feminin
los + Pl., maskulin, **las** + Pl., feminin
Sie werden angewandt, wenn das betreffende Substantiv durch den Kontext, die Situation oder Beschreibung näher bestimmt wird.

Nach dem Ausdruck **hay** stehen zählbare Substantive immer mit dem unbestimmten und nie mit dem bestimmten Artikel.

Bei dem Artikel **un/una/unos/unas** geht es um eine nicht näher beschriebene Sache oder einen solchen Ort.

Mit Daten, Wochentagen und Uhrzeiten werden die bestimmten Artikel verwendet (**el, la, los, las**).

Bei der Anwendung der Präposition **a** und einem maskulinen Substantiv mit dem bestimmten Artikel **el** (z. B. **el supermercado**), wird aus **a + el** die Form **al** (**a + el = al**) gebildet.

Bei Bezeichnungen konkreter Örtlichkeiten wird in der Regel der bestimmte Artikel gebraucht, z. B. **el cine** – *Kino*, **el supermercado** – *Supermarkt*, **el teatro** – *Theater* usw. Allerdings wird in Sätzen mit **hay** der unbestimmte Artikel verwendet, z. B. **¿Hay un supermercado por aquí?** – *Gibt es hier irgendwo einen Supermarkt?* Im Plural muss kein Artikel stehen, z. B. **Hay montañas cerca de aquí.** – *Hier in der Nähe gibt es Berge.*

19. Er hat ein Auto und drei Motorräder. ....

20. Ich habe eine Idee. ....

21. Möchtet ihr in ein Restaurant im Zentrum gehen? ....

22. Pablo ist Lehrer. ....

23. Wo ist der Lehrer? ....

24. In der Küche ist ein Kühlschrank. ....

25. Im Kühlschrank sind Milch und Eier. ....

26. Mir tut das Bein weh. ....

27. Mir tut der Kopf weh. ....

28. Möchtest du einen Kaffee? ....

29. Ich mag keinen Kaffee. ....

30. Ich möchte mir Schuhe kaufen. ....

31. Mir gefallen die Schuhe nicht, die du kaufen möchtest. ....

32. Hast du ein Auto? ....

33. Ich habe ein neues Auto. ....

34. Das Auto von Carina ist kaputt. ....

35. Gibt es irgendein Geschäft hier in der Nähe? ....

36. Ich gehe zum Geschäft von María. Möchtest du etwas? ....

19. Él tiene un coche y tres motos.

20. Tengo una idea.

21. ¿Queréis ir a un restaurante en el centro?

22. Pablo es profesor.

23. ¿Dónde está el profesor?

24. En la cocina hay una nevera.

25. En la nevera hay leche y huevos.

26. Me duele la pierna.

27. Me duele la cabeza.

28. ¿Quieres un café?

29. No me gusta el café.

30. Quiero comprarme unos zapatos.

31. No me gustan los zapatos que quieres comprar.

32. ¿Tienes coche?

33. Tengo un coche nuevo.

34. El coche de Carina está roto.

35. ¿Hay una / alguna tienda cerca de aquí?

36. Voy a la tienda de María. ¿Quieres algo?

Das Wort **un/una** kann auch für das Zahlwort *ein/eine* stehen.

In diesem Satz geht es um ein bestimmtes, konkretes Zentrum.
Es heißt aber **un restaurante**, wenn es sich um kein bestimmtes Restaurant handelt, sondern um eines von vielen.

Bei der Angabe eines Berufes wird kein Artikel verwendet. Handelt es sich dagegen um konkrete Personen, wie im nächsten Beispiel, kommt der bestimmte Artikel zum Einsatz.

Bei Bezeichnungen von Örtlichkeiten im Haus gebraucht man in der Regel bestimmte Artikel (z. B. **la cocina**), nach dem Wort **hay** steht bei zählbaren Substantiven immer der unbestimmte Artikel (z. B. **una nevera**).

Wenn das Substantiv nicht zählbar ist (z. B. **leche**), dann steht nach **hay** kein Artikel.

Mit Wörtern für die Bezeichnung von Körperteilen wird immer der bestimmte Artikel verwendet.

In diesem Beispiel ist das Substantiv **café** zählbar, denn es bedeutet: *eine Tasse Kaffee.* Man kann auch fragen: **¿Quieres café?** – *Möchtest du Kaffee?*

Wenn nach dem Substantiv eine Beschreibung in Form eines Relativsatzes mit dem Pronomen **que** erfolgt (in dem Fall **que quieres comprar**), ist das Substantiv konkret und ihm geht ein bestimmter Artikel **el, la, los, las** voraus.
Es gibt im Spanischen nur eine Form des Relativpronomens: **que**,
das sowohl auf maskuline als auch auf feminine Substantive im Singular oder Plural Bezug nimmt.

Neue Wörter

....

....

....

1. Im Wartezimmer sind zwei Männer und zwei Frauen. ....
2. Die Englischlehrerin kommt heute nicht. ....
3. Der Französischlehrer ist oben. ....
4. Ich mag alle meine Lehrer. ....
5. Wie viele Kinder habt ihr? ....
6. Wir haben einen Sohn und eine Tochter. ....
7. Wie viele Bücher sind in dieser Schachtel? ....
8. Möchtest du lieber fernsehen oder Radio hören? ....
9. Ich möchte ein Motorrad haben. ....
10. Kannst du mir die Hochzeitsfotos zeigen? ....
11. Möchtet ihr heute einen Film sehen? ....
12. Möchtet ihr den Film zu Hause sehen oder ins Kino gehen? ....
13. Wir haben ein Problem. ....
14. Dieses Sofa ist nicht bequem. ....
15. Kannst du mir sagen, wo die Landkarte ist? ....
16. Pablo ist Schriftsteller und seine Mutter ist auch Schriftstellerin. ....
17. Trinkst du Tee mit Zucker und Zitrone? ....
18. Wir verkaufen unser Haus. ....

1. En la sala de espera hay dos hombres y dos mujeres.
2. La profesora de inglés no viene hoy.
3. El profesor de francés está arriba.
4. A mí me gustan todos mis profesores.
5. ¿Cuántos hijos tenéis?
6. Tenemos un hijo y una hija.
7. ¿Cuántos libros hay en esta caja?
8. ¿Prefieres ver la tele o escuchar la radio?
9. Quiero tener una moto.
10. ¿Puedes enseñarme las fotos de la boda?
11. ¿Queréis ver una película hoy?
12. ¿Queréis ver la película en casa o ir al cine?
13. Tenemos un problema.
14. Este sofá no es cómodo.
15. ¿Puedes decirme dónde está el mapa?
16. Pablo es escritor y su madre también es escritora.
17. ¿Bebes té con azúcar y limón?
18. Vendemos nuestra casa.

Im Hinblick auf das Genus werden die Substantive in maskuline und feminine Substantive aufgeteilt (meistens mit den Endungen **-o** oder **-a**), z. B.:

niño/niña	*Kind*
chico/chica	*Junge/Mädchen*
hijo/hija	*Sohn/Tochter*
peluquero/peluquera	*Friseur/Friseurin*
abogado/abogada	*Anwalt/Anwältin*
hermano/hermana	*Bruder/Schwester*
primo/prima	*Cousin/Cousine*
abuelo/abuela	*Großvater/Großmutter*

Substantive, die im Maskulinum auf **-e** oder **-a** enden, bezeichnen auch weibliche Personen, z. B. **cantante** (*Sänger, Sängerin*), **estudiante** (*Student, Studentin*), **turista** (*Tourist, Touristin*). Das trifft auch auf einige Substantive auf **-o** zu, z. B. **el modelo, la modelo** – *das Model.*
Im Spanischen gibt es kein Neutrum.
Die maskuline Pluralform kann auch Personen beider Geschlechter bezeichnen, z. B.:

hijos	*Söhne, Kinder (Söhne und Töchter)*
hijas	*Töchter*

Substantive mit der Endung **-o** sind in der Regel maskulin, z. B. **el bolso** (*Tasche*), **el cuadro** (*Bild*), **el chico** (*Junge*). Ausnahmen sind: **la radio, la mano** (*Hand*) sowie Kurzformen: **la fotografía – la foto** sowie **la motocicleta – la moto**.

Substantive auf **-a** sind meistens feminin, z.B. **la chica** (*Mädchen*), **la película** (*Film*), **la puerta** (*Tür*). Ausnahmen sind: **el problema** (*Problem*), **el tema** (*Thema*), **el sístema** (*System*), **el sofa** (*Sofa*), **el idioma** (*Sprache*), **el día** (*Tag*), **el mapa** (*Karte*) und **el programa** (*Programm*).

Das Genus der Substantive hat Auswirkungen auf den Gebrauch anderer Wortarten wie z. B. der Adjektive (**un buen profesor / una buena profesora**) sowie der Possessivadjektive (**nuestro, nuestra, vuestro, vuestra**).
Weil **casa** feminin ist, heißt es: **nuestra casa**.

19. Unser Computer funktioniert nicht. ....

20. Wie viele Sprachen sprichst du? ....

21. Er spricht viele Sprachen. ....

22. Ich habe nicht viele Freundinnen. ....

23. Welches ist das heutige Thema? ....

24. Pablo ist ein wunderbarer Mann. ....

25. Madrid ist eine wunderbare Stadt. ....

26. Das Zimmer oben ist sehr klein. ....

27. Wie viele Zimmer gibt es in deinem Haus? ....

28. Dieses Lied gefällt mir sehr gut. ....

29. Dieses Fleisch ist nicht frisch. ....

30. Sie hat einen Ohrring. ....

31. Ich möchte ein Bier und ein mit Schinken belegtes Brötchen. ....

32. Möchtest du lieber einen Tee oder einen Milchkaffee? ....

33. Ist die Milch warm oder kalt? ....

34. Wo ist euer Büro? ....

35. Gibt es einen Fluss in der Nähe eures Hauses? ....

36. Ja, und auch Berge. ....

19. Nuestro ordenador no funciona.

20. ¿Cuántos idiomas sabes? / ¿Cuántos idiomas hablas?

21. Él habla muchos idiomas.

22. No tengo muchas amigas.

23. ¿Cuál es el tema para hoy?

24. Pablo es un hombre maravilloso.

25. Madrid es una ciudad maravillosa.

26. La habitación de arriba es muy pequeña.

27. ¿Cuántas habitaciones hay en tu casa?

28. Me gusta mucho / me encanta esta canción.

29. Esta carne no es fresca.

30. Ella tiene un pendiente.

31. Quiero una cerveza y un bocadillo de jamón.

32. ¿Prefieres un té o un café con leche?

33. ¿La leche está caliente o fría?

34. ¿Dónde está vuestra oficina?

35. ¿Hay un río cerca de vuestra casa?

36. Sí, y también montañas.

Das Genus der Substantive hat auch Auswirkungen auf den Gebrauch der Fragepronomen, z. B. **¿cuántos/cuántas/cuánto/cuánta?** – *Wie viel(e)?*

In Abhängigkeit vom Genus des Substantivs verwendet man die Wörter:
mucho, poco – *viel, wenig* + maskulin, Sg.
muchos, pocos – *viele, wenige* + maskulin, Pl.
mucha, poca – *viel, wenig* + feminin, Sg.
muchas, pocas – *viele, wenige* + feminin, Pl.

Man kann auch sagen: **¿Cuál es el tema de hoy?** – wörtl. *Welches ist das heutige Thema?*

Die Adjektive nehmen die Form in Abhängigkeit vom Substantiv an. Handelt es sich um ein Maskulinum, enden sie meistens auf **-o**, bei einem Femininum dagegen auf **-a**. Siehe dazu auch Kapitel 3.

Substantive auf **-ión** sind in der Regel feminin.

Zum Wortakzent. Das Substantiv **habitación** bekommt wie alle Substantive auf **-n** und mit Betonung auf der letzten Silbe im Singular ein Akzentzeichen. Im Plural dagegen wird das Wort **habitaciones** auf der vorletzten Silbe betont, sodass der Akzent wegfällt.

Einige Substantive haben verschiedene Bedeutungen in Abhängigkeit von ihrem Genus, z. B. **un pendiente** – *Ohrring*, **una pendiente** – *Abhang*.

Oft ist das Genus des Substantivs im Spanischen ein anderes als für das deutsche Äquivalent. Deshalb sollte man von Anfang an beides lernen: Das Substantiv mit dem dazugehörigen Artikel.

Neue Wörter

....

....

1. Ich werde meine Wohnung verkaufen. ....

2. Und wo wirst du wohnen? ....

3. Heute Abend werden wir ein Bier trinken. ....

4. Werdet ihr zu Hause zu Abend essen? ....

5. Nein, wir werden ausgehen. ....

6. Um wie viel Uhr werdet ihr ausgehen? ....

7. Ich werde mich duschen. ....

8. Glaubst du, dass es heute regnen wird? ....

9. Nein, die Sonne wird scheinen. ....

10. Wir werden auf dein Haus aufpassen, mach dir keine Sorgen. ....

11. Carla wird ein neues Auto kaufen. ....

12. Wirst du ihr helfen? ....

13. Ich werde ein paar Tage im Haus meiner Freundin bleiben. ....

14. Wann werdet ihr zurückkommen? ....

15. Herr und Frau González werden diese Wohnung kaufen. ....

16. Ich werde die Frage nicht wiederholen. ....

17. Herr Chacón, werden Sie Hilfe brauchen? ....

18. Wir werden nicht diskutieren. ....

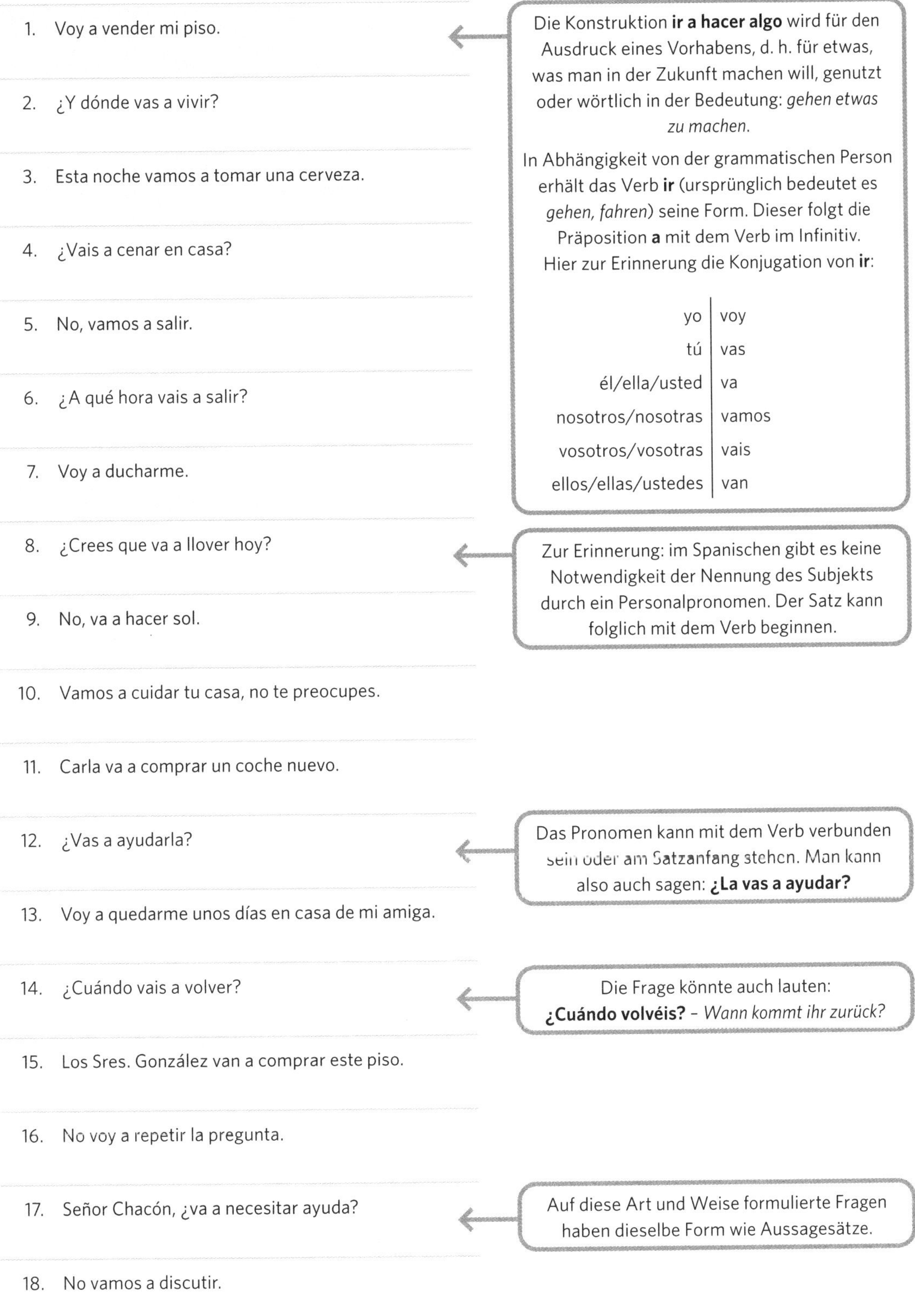

1. Voy a vender mi piso.
2. ¿Y dónde vas a vivir?
3. Esta noche vamos a tomar una cerveza.
4. ¿Vais a cenar en casa?
5. No, vamos a salir.
6. ¿A qué hora vais a salir?
7. Voy a ducharme.
8. ¿Crees que va a llover hoy?
9. No, va a hacer sol.
10. Vamos a cuidar tu casa, no te preocupes.
11. Carla va a comprar un coche nuevo.
12. ¿Vas a ayudarla?
13. Voy a quedarme unos días en casa de mi amiga.
14. ¿Cuándo vais a volver?
15. Los Sres. González van a comprar este piso.
16. No voy a repetir la pregunta.
17. Señor Chacón, ¿va a necesitar ayuda?
18. No vamos a discutir.

Die Konstruktion **ir a hacer algo** wird für den Ausdruck eines Vorhabens, d. h. für etwas, was man in der Zukunft machen will, genutzt oder wörtlich in der Bedeutung: *gehen etwas zu machen.*

In Abhängigkeit von der grammatischen Person erhält das Verb **ir** (ursprünglich bedeutet es *gehen, fahren*) seine Form. Dieser folgt die Präposition **a** mit dem Verb im Infinitiv. Hier zur Erinnerung die Konjugation von **ir**:

yo	voy
tú	vas
él/ella/usted	va
nosotros/nosotras	vamos
vosotros/vosotras	vais
ellos/ellas/ustedes	van

Zur Erinnerung: im Spanischen gibt es keine Notwendigkeit der Nennung des Subjekts durch ein Personalpronomen. Der Satz kann folglich mit dem Verb beginnen.

Das Pronomen kann mit dem Verb verbunden sein oder am Satzanfang stehen. Man kann also auch sagen: **¿La vas a ayudar?**

Die Frage könnte auch lauten: **¿Cuándo volvéis?** – *Wann kommt ihr zurück?*

Auf diese Art und Weise formulierte Fragen haben dieselbe Form wie Aussagesätze.

19. Wann werdet ihr uns besuchen? ....

20. Ich werde morgen früh arbeiten. ....

21. Ich werde Carina anrufen. ....

22. Ich werde hinaufgehen, einverstanden? ....

23. María und Juan werden uns nicht die Wahrheit sagen. ....

24. Werden deine Großeltern zu deinem Geburtstag kommen? ....

25. Ja, und Roberto wird auch kommen. ....

26. Das wird schlecht ausgehen. ....

27. Heute wird die Sonne im Süden von Spanien scheinen. ....

28. Im Norden wird es regnen. ....

29. Die Kinder werden im Park spielen. ....

30. Ich gehe schlafen. ....

31. Wirst du kommen? ....

32. Ich werde darüber nachdenken. ....

33. Ich werde nicht können. ....

34. Werdet ihr das Spiel anschauen? ....

35. Warte einen Augenblick. Ich werde meinen Bruder anrufen und ich frage ihn. ....

36. Heute werden wir zu Hause bleiben. Wir sind müde. ....

19. ¿Cuándo vais a visitarnos?

Man kann auch sagen:
¿Cuándo nos vais a visitar?

20. Voy a trabajar mañana por la mañana.

21. Voy a llamar a Carina.

22. Voy a subir, ¿vale?

23. María y Juan no van a decirnos la verdad.

Verneinungssätze werden gebildet, indem man vor das Verb das Verneinungswort **no** setzt. Die Wortfolge könnte auch lauten:
No nos van a decir la verdad.

24. ¿Tus abuelos van a venir a tu cumpleaños?

25. Sí, y Roberto va a venir también.

26. Esto va a terminar mal.

Adverbien (z. B. **bien** - *gut*, **mal** - *schlecht*) stehen in der Regel nach dem Verb.

27. Hoy va a hacer sol en el sur de España.

Zur Erinnerung: wenn man über das Wetter spricht, wird das Verb **hacer** gebraucht. Weitere Beispiele sind in Kapitel 11 zu finden.

28. En el norte va a llover.

29. Los niños van a jugar en el parque.

30. Me voy a dormir.

In dem Satz steht das Pronomen **me**, das von dem Verb **irse** - *gehen* stammt.

31. ¿Vas a venir?

32. Voy a pensarlo.

33. No voy a poder.

34. ¿Vais a ver el partido?

35. Espera un momento. Voy a llamar a mi hermano y le pregunto.

36. Hoy vamos a quedarnos en casa. / Hoy nos vamos a quedar en casa. Estamos cansados/ cansadas.

Neue Wörter

....

....

....

....

....

....

....

1. Ich arbeite viele Stunden. ....
2. Arbeitest du viel? ....
3. Wir müssen viele Dinge machen. ....
4. Roberto y Ana lesen viele Bücher. ....
5. In dieser Firma arbeiten viele Männer. ....
6. Ich habe viele Urlaubsfotos. ....
7. In dieser Gegend gibt es viele Wohnungen. ....
8. Wir haben nicht viel Zeit. ....
9. Heute sind nicht viele Leute im Büro. Ich weiß nicht warum. ....
10. Du musst viel Wasser trinken. Das ist sehr gut für die Gesundheit. ....
11. Ich habe viel Durst. Hast du Wasser? ....
12. Sie mag dich sehr. Siehst du es nicht? ....
13. Dieses Kleid gefällt mir sehr. ....
14. Er isst sehr gerne. ....
15. Ich habe großen Hunger. Gehen wir etwas essen? ....
16. Wir haben nicht viel Geld. Wir werden nicht viel kaufen. ....
17. Die Kinder lernen viel, nicht wahr? ....
18. Ich bin sehr müde. ....

1. Trabajo muchas horas.
2. ¿Trabajas mucho?
3. Tenemos muchas cosas que hacer.
4. Roberto y Ana leen muchos libros.
5. En esta empresa trabajan muchos hombres.
6. Tengo muchas fotos de las vacaciones.
7. Hay muchos pisos en esta zona.
8. No tenemos mucho tiempo.
9. Hoy no hay mucha gente en la oficina. No sé por qué.
10. Tienes que beber mucha agua. Es muy bueno para la salud.
11. Tengo mucha sed. ¿Tienes agua?
12. Ella te quiere mucho. ¿No lo ves?
13. Me gusta mucho este vestido.
14. (A él) le gusta mucho comer.
15. Tengo mucha hambre. ¿Vamos a comer algo?
16. No tenemos mucho dinero. No vamos a comprar muchas cosas.
17. Los niños estudian mucho, ¿verdad?
18. Estoy muy cansado/a. / Tengo mucho sueño.

Das Wort **mucho** wird wie folgt gebraucht:
mucho – mit nicht zählbaren maskulinen Substantiven, z. B. **mucho dinero** – *viel Geld*,
mucha – mit nicht zählbaren femininen Substantiven, z. B. **mucha gente** – *viele Leute*,
muchos – mit zählbaren maskulinen Substantiven, z. B. **muchos problemas** – *viele Probleme*,
muchas – mit zählbaren femininen Substantiven, z. B. **muchas ciudades** – *viele Städte*,
mucho – nach Verben, z. B. **Trabajo mucho.** – *Ich arbeite viel.*

Muy gebraucht man mit Adjektiven und Adverbien, und es bedeutet *sehr*, z. B.:
muy grande – *sehr groß*,
muy bien – *sehr gut*,
muy amable – *sehr lieb*,
muy poco – *sehr wenig*.

Zur Erinnerung: *Durst haben* heißt auf Spanisch **tener sed**. Das Wort **sed** ist ein Substantiv, weshalb es **mucha sed** heißt. Man kann nicht sagen: ~~**Tengo muy sed.**~~

Mit Verben wie **querer, gustar, sentir** und allen anderen Verben wird immer **mucho** und nie **muy** gebraucht, z. B. **Lo siento mucho.** – *Es tut mir sehr leid.*

Wenn man die Wortfolge in diesem Satz ändert und sagt: **A él le gusta comer mucho**, bedeutet es: *Er isst gern viel.*

Wie bei dem Ausdruck **tener sed** ist auch bei **tener hambre** das Wort **hambre** ein Substantiv. Man kann deshalb nicht sagen: ~~**Tengo muy hambre.**~~ Da es ein feminines Substantiv ist, muss es **mucha hambre** heißen.

Eine im Spanischen gängige Formulierung ist: **No voy a comprar muchas cosas**.
Die deutsche Übersetzung von **no ... muchas cosas** ist in diesem Fall nicht viel.

19. Es gibt nicht viele freie Zimmer. ....

20. Es ist sehr heiß. ....

21. Geht ihr viel aus? ....

22. Es gibt viele Leute, die die Wahrheit nicht kennen. ....

23. Heute sind wenig Leute da. ....

24. Er arbeitet viel und hat wenig Freizeit. ....

25. Juana verdient wenig Geld. ....

26. Auf dem Konto ist wenig Geld. ....

27. Es gibt sehr wenige Bücher über dieses Thema. ....

28. Dieser Kurs ist sehr teuer. Deshalb sind sehr wenige Studierende da. ....

29. Ich schlafe wenig und bin sehr müde. ....

30. In dieser Stadt gibt es wenige Restaurants. ....

31. Ich habe ein bisschen Zeit, sodass wir uns unterhalten können. ....

32. Ich brauche ein bisschen Zeit. ....

33. Es regnet ein bisschen. Möchtest du rausgehen oder bleiben wir zu Hause? ....

34. Dieses Thema ist ein bisschen schwierig. ....

35. Kann ich ein bisschen Kuchen essen? ....

36. Kannst du mir ein bisschen Zucker geben? Vielen Dank. ....

19. No hay muchas habitaciones libres.

20. Hace mucho calor.

21. ¿Salís mucho?

22. Hay mucha gente que no sabe la verdad.

23. Hoy hay poca gente.

24. Él trabaja mucho y tiene poco tiempo libre.

25. Juana gana poco dinero.

26. Hay poco dinero en la cuenta.

27. Hay muy pocos libros sobre este tema.

28. Este curso es muy caro. Por eso hay muy pocos estudiantes.

29. Duermo poco y estoy muy cansado/cansada.

30. En esta ciudad hay pocos restaurantes.

31. Tengo un poco de tiempo, así que podemos hablar.

32. Necesito un poco de tiempo.

33. Está lloviendo un poco. ¿Quieres salir o nos quedamos en casa?

34. Este tema es un poco difícil.

35. ¿Puedo comer un poco de tarta?

36. ¿Puedes darme un poco de azúcar? Muchas gracias.

Das Substantiv **habitación** hat, wie die spanischen Substantive auf **-on** generell, einen Akzent über dem **ó**. Im Plural fällt dieser durch die Hinzufügung der Endung **-es** wieder weg. Da es sich um ein feminines Substantiv handelt, heißt es **muchas**.

In der Verbindung **hacer calor** ist das Wort **calor** ein Substantiv, deshalb heißt es **mucho calor** und nicht **muy calor**.

Das Wort **poco** wird wie folgt verwendet:
poco - mit nicht zählbaren maskulinen Substantiven, z. B.
poco dinero - *wenig Geld*,
poca - mit nicht zählbaren femininen Substantiven, z. B.
poca gente - *wenige Leute*,
pocos - mit zählbaren maskulinen Substantiven, z. B.
pocos problemas - *wenige Probleme*,
pocas - mit zählbaren femininen Substantiven, z. B.
pocas ciudades - *wenige Städte*,
poco - nach Verben, z. B.
Trabajo poco. - **Ich arbeite wenig.**
poco - vor Adjektiven, z. B.
poco conocido/conocida - *wenig bekannt*.

Der Ausdruck **un poco** bedeutet *ein bisschen*. Er wird wie folgt gebraucht:
un poco de + nicht zählbares Substantiv, z. B. **un poco de agua** - *ein bisschen Wasser*,
Verb + **un poco**, z. B.
Come un poco. - *Iss ein bisschen.*
un poco + Adjektiv, z. B.
un poco cansado/cansada - *ein bisschen müde*.

Neue Wörter

....

....

....

....

1. Wir frühstücken immer vor 8 Uhr. ....
2. Um wie viel Uhr gehst du normalerweise? ....
3. Geht ihr oft ins Kino? ....
4. Wir gehen fast immer in dieses Kino. Es gefällt uns sehr. ....
5. Manchmal verstehe ich dich nicht. ....
6. Meine Enkel sind immer sehr beschäftigt. Sie haben fast nie Zeit für uns. ....
7. Wir frühstücken nie zusammen, aber normalerweise essen wir zusammen zu Abend. ....
8. Manchmal haben wir Probleme mit dem System. ....
9. Warum muss ich immer auf dich warten? ....
10. Gut, fast immer. ....
11. Um wie viel Uhr esst ihr normalerweise zu Abend? ....
12. Ich sehe ihn nie morgens. ....
13. Gehst du oft ins Ausland? ....
14. Nach dem Abendessen gehen wir ein Bier trinken. ....
15. Vor der Besprechung werden wir die Dokumente vorbereiten. ....
16. Morgen muss ich früh aufstehen. ....
17. Kannst du mich später anrufen? ....
18. Jeden Tag mache ich die Einkäufe. ....

1. Siempre desayunamos antes de las 8.
2. ¿A qué hora te vas normalmente?
3. ¿Vais al cine a menudo?
4. Casi siempre vamos a este cine. Nos gusta mucho.
5. A veces no te entiendo.
6. Mis nietos siempre están muy ocupados. Casi nunca tienen tiempo para nosotros/nosotras.
7. Nunca desayunamos juntos/juntas, pero normalmente cenamos juntos/juntas.
8. A veces tenemos problemas con el sistema.
9. ¿Por qué siempre tengo que esperarte?
10. Bueno, casi siempre.
11. ¿A qué hora cenáis normalmente?
12. Nunca lo / le veo por la mañana.
13. ¿Vas al extranjero a menudo?
14. Después de la cena, vamos a tomar una caña.
15. Antes de la reunión, vamos a preparar los documentos.
16. Mañana tengo que levantarme temprano.
17. ¿Puedes llamarme más tarde? / ¿Me puedes llamar más tarde?
18. Todos los días hago las compras.

Die gängigsten Adverbien, die sich auf eine Häufigkeit beziehen, sind:

siempre	*immer*
casi siempre	*fast immer*
normalmente	*normalerweise*
a menudo	*häufig, oft*
a veces	*manchmal*
casi nunca	*fast nie*
nunca, jamás	*nie*

Weitere gebräuchliche Zeitadverbien sind:

antes de	*vor*
después de	*nach*
temprano	*früh*
más temprano	*früher*
tarde	*spät*
más tarde	*später*

Wenn ein Satz mit dem Wort **nunca** beginnt, kommt keine doppelte Verneinung zur Anwendung. Wenn **nunca** jedoch am Satzende steht, muss man diese verwenden, z. B. **No le llamo nunca.** – *Ich rufe ihn nie an.*

Im Spanischen gibt es folgende Verben, die die Einnahme der Mahlzeiten benennen:

desayunar	*frühstücken*
comer, almorzar	*(zu) Mittag essen*
cenar	*(zu) Abend essen*

In Fragen stehen Bestimmungen wie **a menudo** oder **normalmente** oft am Satzende.

Das Wort **caña** bezeichnet ein kleines Bier vom Fass.

Zur Angabe einer Häufigkeit werden auch folgende Ausdrücke verwendet:

todos los días	*jeden Tag*
todos los meses	*jeden Monat*
todos los años	*jedes Jahr*
todos los lunes/ martes, etc.	*jeden Montag/ Dienstag, etc.*

19. Schreibst du ihm / ihr jeden Tag? ....

20. Jeden Freitag haben wir Salsa-Unterricht. ....

21. Jedes Jahr fahren wir in den Ferien nach Menorca. Diese Insel gefällt uns sehr. ....

22. Sie rufen uns alle drei Tage an. ....

23. Der Chef kommt alle drei Monate hierher. ....

24. Ich gehe alle zwei Wochen in die Universität, normalerweise am Wochenende. ....

25. Du musst dieses Medikament alle acht Stunden einnehmen. ....

26. Wir sehen uns alle zwei Tage. ....

27. Meine Schwester kommt mich zwei Mal pro Monat besuchen. ....

28. Ich wasche mein Auto vier Mal pro Monat. ....

29. Meine Frau ruft mich drei Mal pro Tag an. ....

30. Normalerweise wechsle ich mein Auto ein Mal pro Jahr. ....

31. Weißt du, ob Inés und Pablo oft hierher kommen? ....

32. Beide kommen manchmal hierher. ....

33. Wie oft gehst du zum Zahnarzt? ....

34. Wie oft siehst du Lourdes? ....

35. Wie oft pro Woche sprichst du mir ihr? ....

36. Wie oft pro Monat hast du eine Besprechung mit den Studierenden? ....

19. ¿Le escribes todos los días?

20. Todos los viernes tenemos clases de salsa.

21. Todos los años vamos de vacaciones a Menorca. Esta isla nos encanta.

22. Nos llaman cada tres días.

23. El jefe viene aquí cada tres meses.

24. Voy a la universidad cada dos semanas, normalmente los fines de semana.

25. Tienes que tomar este medicamento cada ocho horas.

26. Nos vemos un día sí y otro no.

27. Mi hermana viene a visitarme / me viene a visitar dos veces al mes.

28. Lavo mi coche cuatro veces al mes.

29. Mi mujer me llama tres veces al día.

30. Normalmente cambio mi coche una vez al año.

31. ¿Sabes si Inés y Pablo vienen aquí a menudo?

32. Los dos vienen aquí de vez en cuando.

33. ¿Con qué frecuencia vas al dentista?

34. ¿Con qué frecuencia ves a Lourdes?

35. ¿Cuántas veces a la semana hablas con ella?

36. ¿Cuántas veces al mes tienes una reunión con los estudiantes?

Auch mit dem Wort **cada** kann man eine Häufigkeit ausdrücken. Es wird häufig mit Substantiven gebraucht, die oben genannt wurden,
z. B. **cada día/semana/mes/año**.
Am häufigsten wird **cada** in den folgenden Verbindungen verwendet:

cada dos semanas	*alle zwei Wochen*
cada tres dias	*alle drei Tage*
cada tres meses	*alle drei Monate*
cada cinco horas	*alle fünf Stunden*

Der Ausdruck *alle zwei Tage* kann auch übersetzt werden mit **un día sí y otro no**.

Eine andere Variante der Wiedergabe einer Häufigkeit ist der Gebrauch des Wortes **vez** – *Mal/-mal* z. B.:

una vez	*einmal*
dos veces	*zweimal*
tres veces	*dreimal*
cuatro veces	*viermal*

Oft werden Ausdrücke im Zusammenhang mit der Häufigkeit auch mit der Präposition **a** gebraucht. Diese verschmilzt in der Verbindung mit dem maskulinen Artikel **el** zu **al**:

al día (a+el día)	*pro Tag*
a la semana	*pro Woche*
al mes	*pro Monat*
al año	*pro Jahr*

Das Verb **cambiar** (Satz 30) wird in der Regel mit der Präposition **de** gebraucht, z. B. **cambiar de opinión** – *die Meinung ändern*.

Andere Fragen aus dieser Reihe sind:

¿Cuántas veces al día?	*Wie oft pro Tag?*
¿Cuántas veces a la semana?	*Wie oft pro Woche?*
¿Cuántas veces al mes?	*Wie oft pro Monat?*

1. Ich bin kleiner als meine Schwester. ....
2. Meine Schwester ist größer als ich. ....
3. Französisch ist schwieriger als Spanisch. ....
4. Deine Wohnung ist sehr groß. Meine Wohnung ist kleiner. ....
5. Der BMW ist teurer als der Opel. ....
6. Madrid ist größer als Barcelona. ....
7. Dieses Viertel ist kleiner als Ventilla. ....
8. Welcher Fluss ist länger, der Amazonas oder der Nil? ....
9. Barcelona ist weiter weg von Madrid als Valencia. ....
10. Gehen wir ins Kino. Es ist näher als das Theater. ....
11. Das Buch ist besser als der Film. ....
12. Gut, mir scheint, dass das Buch schlechter ist. ....
13. Bist du älter als dein Bruder? ....
14. Ja, ich bin älter als mein Bruder, aber jünger als meine Schwester. ....
15. Im Winter gehen wir früher schlafen als im Sommer. ....
16. Dieses Hotel ist billiger. ....
17. Kannst du mir sagen, welches Kleid schöner ist? ....
18. Das Rote gefällt mir besser. ....

1. Soy más bajo/baja que mi hermana.
2. Mi hermana es más alta que yo.
3. El francés es más difícil que el español.
4. Tu piso es muy grande. Mi piso es más pequeño.
5. El BMW es más caro que el Opel.
6. Madrid es más grande que Barcelona.
7. Este barrio es más pequeño que Ventilla.
8. ¿Qué río es más largo, el Amazonas o el Nilo?
9. Barcelona está más lejos de Madrid que Valencia.
10. Vamos al cine. Está más cerca que el teatro.
11. El libro es mejor que la película.
12. Bueno, a mí me parece que el libro es peor.
13. ¿(Tú) eres mayor que tu hermano?
14. Sí, soy mayor que mi hermano, pero menor que mi hermana.
15. En invierno nos acostamos más temprano que en verano.
16. Este hotel es más barato.
17. ¿Me puedes decir qué vestido es más bonito?
18. El rojo me gusta más.

Bei der Bildung des Komparativs von Adjektiven wird **más** vor das Adjektiv gesetzt, z. B. **más bonito/bonita** – *schöner*, **más grande** – *größer*.
Für einen Vergleich wird das Wort **que** (*als*) verwendet, z. B. **Él es más alto que ella.** – *Er ist größer als sie.*

Zur Erinnerung: wenn von einer örtlichen Lage die Rede ist, dann wird das Verb **estar** und nicht **ser** verwendet.

Bei der Komparation gibt es auch unregelmäßige Formen:

bueno/-a - mejor	*gut - besser*
malo/-a - peor	*schlecht - schlechter*
mayor	*größer*
menor	*kleiner*

Zur Erinnerung: bei dem Personalpronomen **tú** in der Bedeutung *du* wird ein Akzentzeichen gesetzt, bei dem Possessivadjektiv **tu** in der Bedeutung *dein/deine* dagegen nicht.
Ähnlich verhält es sich bei dem Wort **qué/que**, das als Fragepronomen einen Akzent trägt, als Konjunktion in der Bedeutung *dass* jedoch nicht, z. B.:
¿Qué haces? – *Was machst du?*
Creo que tienes razón. – *Ich denke, du hast recht.*
Vor der Konjunktion **que** steht in der Regel kein Komma.

Das Wort **más** wird mit Verben in der Bedeutung *mehr* gebraucht, z. B. **Tienes que comer más.** – *Du musst mehr essen.*
Das Gegenteil davon ist **menos** – *weniger.*
Es sei daran erinnert, dass *Kleid* im Spanischen ein maskulines Substantiv ist, deshalb heißt es hier im Satz: **el rojo**.

19. José lernt mehr als du. Du musst mehr lernen.
 ....

20. Im Herbst regnet es öfter als im Frühjahr.
 ....

21. Wenn du zur Universität gehen möchtest, musst du mehr lernen und lesen.
 ....

22. Das Flugzeug ist viel schneller als der Zug.
 ....

23. Du isst viel mehr als ich.
 ....

24. Ich verdiene viel weniger als meine Chefin.
 ....

25. Dieses Kleid ist billiger. Es kostet 20 Euro weniger.
 ....

26. Meine Internetverbindung ist viel langsamer als vorher.
 ....

27. Diese Schauspielerin ist hübscher als Carina.
 ....

28. Du sprichst besser Englisch als ich.
 ....

29. Meine Freundin singt besser als du, aber schlechter als Marta Sánchez.
 ....

30. Mein Mann hat mehr Freizeit als ich.
 ....

31. Wenn ihr nicht mehr Fragen habt, sehen wir uns am Montag.
 ....

32. Bei dieser Arbeit verdiene ich mehr und arbeite weniger Stunden.
 ....

33. In Madrid leben mehr Leute als in Málaga.
 ....

34. Ich brauche mehr Geld und mehr Zeit.
 ....

35. Morgens ist mehr Verkehr als abends.
 ....

36. Im Norden ist es kälter als im Süden.
 ....

19. José estudia más que tú. Tienes que estudiar más.
20. En otoño llueve más a menudo que en primavera.
21. Si quieres ir a la universidad, tienes que estudiar y leer más.
22. El avión es mucho más rápido que el tren.
23. (Tú) comes mucho más que yo.
24. Gano mucho menos que mi jefa.
25. Este vestido es más barato. Cuesta veinte euros menos.
26. Mi conexión a Internet es mucho más lenta que antes.
27. Esta actriz es más guapa que Carina.
28. Hablas inglés mejor que yo.
29. Mi amiga canta mejor que tú, pero peor que Marta Sánchez.
30. Mi marido tiene más tiempo libre que yo.
31. Si no tenéis más preguntas, nos vemos el lunes.
32. En este trabajo gano más y trabajo menos horas.
33. En Madrid vive más gente que en Málaga.
34. Necesito más dinero y más tiempo.
35. Por la mañana hay más tráfico que por la tarde.
36. Hace más frío en el norte que en el sur./ En el norte hace más frío que en el sur.

Mucho wird verwendet, wenn ein Unterschied besonders betont werden soll. Es wird mit *viel* übersetzt, z. B. **mucho más grande** – *viel größer*.

Zur Erinnerung: Substantive auf **-ión** sind in der Regel feminin, wie z. B. **la conexión**. Deshalb heißt es in dem Satz **lenta** mit der Endung **-a**.

Als Adverb bedeutet **mejor** *besser* und **peor** – *schlechter*, z. B. **Bailas mejor/peor que ella.** – *Du tanzt besser/schlechter als sie.*

Bei dem Vergleich von Mengen werden folgende Wörter verwendet:

más	*mehr*
menos	*weniger*

Bei einem Vergleich wird meistens **que** verwendet:

más que	*mehr als*
menos que	*weniger als*

Neue Wörter

....

....

....

....

....

....

....

1. Ich spreche gerade mit José.
   ....
2. Wohnst du bei deinen Eltern?
   ....
3. Mit wem wohnst du zusammen?
   ....
4. Heute bleibe ich mit meinem Mann zu Hause. Wir haben keine Lust auszugehen.
   ....
5. Dieses Wochenende gehen wir mit David und Carlota aus.
   ....
6. Wen heiratet Leticia?
   ....
7. Um wie viel Uhr wirst du zu Hause ankommen?
   ....
8. Ich komme ungefähr um 6 Uhr an.
   ....
9. Fährst du ins Zentrum? Kannst du mich mitnehmen?
   ....
10. Im Sommer gehen wir jeden Tag ins Schwimmbad.
    ....
11. In den Ferien lernen wir immer viele Leute kennen.
    ....
12. Kennst du diesen Jungen?
    ....
13. Ich gehe zur Bank. Ich komme sofort zurück.
    ....
14. Wann werdet ihr nach London gehen?
    ....
15. Jeden Mittwoch gehe ich zum Englischunterricht.
    ....
16. Wenn du Carmen siehst, kannst du ihr sagen, dass wir morgen eine Besprechung haben?
    ....
17. Dieses Geschenk ist für deinen Vater.
    ....
18. Für wen ist dieser Brief?
    ....

1. Estoy hablando con José.
2. ¿Vives con tus padres?
3. ¿Con quién vives?
4. Hoy me quedo en casa con mi marido. No tenemos ganas de salir.
5. Este fin de semana salimos con David y Carlota.
6. ¿Con quién se casa Leticia?
7. ¿A qué hora vas a llegar a casa?
8. Voy a llegar a las seis más o menos.
9. ¿Vas al centro? ¿Puedes llevarme? / ¿Me puedes llevar?
10. En verano vamos a la piscina todos los días.
11. En las vacaciones siempre conocemos a mucha gente.
12. ¿Conoces a este chico?
13. Voy al banco. Vuelvo enseguida.
14. ¿Cuándo vais a ir a Londres?
15. Todos los miércoles voy a clases de inglés.
16. Si ves a Carmen, ¿puedes decirle que tenemos una reunión mañana?
17. Este regalo es para tu papá.
18. ¿Para quién es esta carta?

In diesem Kapitel werden die Präpositionen **con, a, de** und **en** vorgestellt.
Die Präposition **con** bedeutet *mit*, z. B.:
café con leche – *Kaffee mit Milch*
hablar con alguien – *mit jemandem sprechen*
salir con alguien – *mit jemandem ausgehen.*

Im Spanischen steht in Fragen die Präposition (z. B. **con**) in der Regel am Anfang.

Die Präposition **a** wird in folgenden Fällen verwendet:
1. wenn es um die Bewegung in eine Richtung geht, z. B. **ir a casa** – *nach Hause gehen,* **venir a casa** – *nach Hause kommen,* **volver a casa** – *nach Hause zurückkehren;*
2. bei Zeitangaben, z. B. **a las cuatro** – *um vier;*
3. wenn bestimmte Verben die Präposition fordern, was im Deutschen einem Dativ oder Akkusativ entsprechen kann, z. B. **ver a Carmen** – *Carmen sehen, treffen* (wen? was?), **enseñar a los niños** – *die Kinder lehren* (wen? was?) / *den Kindern zeigen* (wem?), **conocer a alguien** – *jemanden kennenlernen* (wen? was?);
4. in Futurkonstruktionen: **ir a hacer algo**.

Zur Erinnerung: Wenn die Präposition **a** vor dem Artikel **el** auftritt, verbindet sie sich mit ihm zu **al** (**al centro**). Hierbei handelt es sich um die einzige Verbindung eines Artikels mit **a**.

Im Falle des femininen Artikels **la** und der Pluralartikel **los** und **las** findet keine Verbindung mit der Präposition **a** statt (z. B. Satz 10: **a la piscina**).

Der Gebrauch der Präposition **a** kann im Deutschen einem Akkusativ entsprechen, z. B.: *Wenn du Carmen* (wen? was?) *siehst...* – **Si ves a Carmen...** Mehr zu dem Thema in Kapitel 18.
Das Wort **mañana** kann man auch in die Mitte des Satzes setzen: (...) **que mañana tenemos una reunión**.

Die Präposition **para** bedeutet *für.*

19. Von was sprecht ihr gerade? ....
20. Wir sprechen gerade von dem Film, den wir heute sehen werden. ....
21. Wir reden gerne über Politik. ....
22. Ich bin aus Alicante, und du? ....
23. Woher bist du? ....
24. Nächste Woche kommen meine Freunde aus Italien. ....
25. Wem gehört diese Brille? ....
26. Das Haus von Laura ist größer als unseres. ....
27. Kannst du mir eine Flasche Wasser kaufen? ....
28. Diese Tür ist nicht aus Holz. ....
29. Welche Eissorte magst du gerne? ....
30. Ich mag gerne Schokoladen- und Vanilleeis. ....
31. Wir sehen uns um 3 Uhr nachmittags. ....
32. Im April gehen wir nach Paris. Im Sommer möchten wir meine Großeltern besuchen, die in Sevilla wohnen. ....
33. Die Autoschlüssel sind entweder auf dem Tisch oder in meiner Jackentasche. ....
34. Fährst du mit der U-Bahn oder mit dem Bus zur Arbeit? ....
35. Heute sind nicht viele Leute auf der Straße, weil Feiertag ist. ....
36. Mar ist zu Hause und Merche ist im Büro. ....

19. ¿De qué estáis hablando?

20. Estamos hablando de la película que vamos a ver hoy.

21. Nos gusta hablar de política.

22. Soy de Alicante, ¿y tú?

23. ¿De dónde eres?

24. La próxima semana vienen mis amigos de Italia.

25. ¿De quién son estas gafas?

26. La casa de Laura es más grande que la nuestra.

27. ¿Puedes comprarme / Me puedes comprar una botella de agua?

28. Esta puerta no es de madera.

29. ¿Qué sabor de helado te gusta?

30. Me gusta el helado de chocolate y de vainilla.

31. Nos vemos a las tres de la tarde.

32. En abril vamos a París. En verano queremos visitar a mis abuelos que viven en Sevilla.

33. Las llaves del coche están o en la mesa o en el bolsillo de mi chaqueta.

34. ¿Vas al trabajo en metro o en autobús?

35. Hoy no hay mucha gente en la calle porque es fiesta.

36. Mar está en casa y Merche está en la oficina.

Die Präposition **de** kann sich beziehen auf bzw. bedeuten:
1. *aus, von*, z. B. **Andrés es de Salamanca.** – *Andrés ist aus Salamanca.* In der Verbindung **¿de dónde?** bedeutet es *woher?*;
2. *über*, z. B. **hablar de** – *sprechen über*
3. Besitz, Zugehörigkeit, z. B. **Este reloj es de mi padre.** – *Diese Uhr gehört meinem Vater.* In der Verbindung **¿de quién?** mit der Bedeutung *wessen?*;
4. eine nähere Bestimmung, z. B. **un vaso de agua** – *ein Glas Wasser*;
5. ein Material oder einen Bestandteil, aus dem ein Gegenstand oder z. B. eine Mahlzeit gemacht ist, z. B. **una camisa de algodón** – *ein Baumwollhemd*, **un bocadillo de queso** – *ein Käsebrot*;
6. zur Unterscheidung der Tageshälften bei der Uhrzeit, z. B. **las tres de la mañana** – *drei Uhr vormittags*, **las tres de la tarde** – *drei Uhr nachmittags*.

Die Präposition **en** wird gebraucht:
1. vor Städte- und Ländernamen, z. B. **en Málaga** – *in Malaga*, **en Rusia** – *in Russland*;
2. in der Bedeutung *auf* oder *in*, z. B. **en el suelo** – *auf dem Fußboden*, **en el cajón** – *in der Schublade*;
3. im Zusammenhang mit dem Transport mit Verkehrsmitteln, z. B. **en coche** – *mit dem Auto*, **en avión** – *mit dem Flugzeug*;
4. bei Angaben von Monat, Jahr und Jahreszeit, z. B. **en mayo** – *im Mai*, **en 2024** (**dos mil veinticuatro**) – *2024*, **en primavera** – *im Frühling*.

In Satz 36 steht vor dem Substantiv **casa** in Verbindung mit **en** kein Artikel. Man sagt **en casa** wie im Deutschen *zu Hause*, aber **en el trabajo, en el colegio**.

Neue Wörter

....

....

....

1. Die Schlüssel sind auf dem Tisch. ....
2. Der Tisch ist zwischen der Tür und dem Fenster. ....
3. In der Nähe unseres Hauses gibt es ein Einkaufszentrum. ....
4. Vor dem Einkaufszentrum gibt es eine Bushaltestelle. ....
5. Es ist nicht weit von hier. ....
6. Gibt es irgendeine Apotheke hier in der Nähe? ....
7. Ich suche gerade die Schere. Weißt du, wo sie ist? ....
8. Sie ist dort. ....
9. Die Schere muss unter dem Buch dort liegen. ....
10. Die Schuhe sind in der Schachtel. ....
11. Die Schachtel ist unter dem Bett. ....
12. Das Bett ist neben dem Arbeitstisch. ....
13. Der Arbeitstisch ist hinter dir. Er ist dort. ....
14. Die Fahrkarte ist im Umschlag. ....
15. Die Apotheke ist links neben dem Supermarkt. ....
16. Der Aufzug ist vor den Toiletten. ....
17. Die Autovermietung ist in der Nähe des Flughafens. ....
18. Wir werden in der Straße hinter dem Einkaufszentrum parken. ....

1. Las llaves están en / sobre la mesa.
2. La mesa está entre la puerta y la ventana.
3. Cerca de nuestra casa hay un centro comercial.
4. Delante del centro comercial hay una parada de autobuses.
5. No está lejos de aquí.
6. ¿Hay alguna farmacia por aquí?
7. Estoy buscando las tijeras. ¿Sabes dónde están?
8. Están allí.
9. Las tijeras tienen que estar debajo de aquel libro.
10. Los zapatos están en la caja.
11. La caja está debajo de la cama.
12. La cama está al lado de la mesa de trabajo.
13. La mesa de trabajo está detrás de ti. Está allí.
14. El billete está dentro del sobre.
15. La farmacia está al lado del supermercado, a la izquierda.
16. El ascensor está delante de los servicios.
17. El alquiler de coches está cerca del aeropuerto.
18. Vamos a aparcar en la calle de detrás del centro comercial.

In Bezug auf örtliche Situierungen von Personen oder Objekten, kommen folgende Präpositionen und Ausdrücke zum Einsatz:

en/dentro de	*in/drinnen*
entre	*zwischen*
delante de	*vorn(e)*
detrás	*hinten*
enfrente	*gegenüber*
al lado de	*neben*
encima de	*auf*
debajo de	*unter*
fuera	*draußen*

Weitere gebräuchliche Ausdrücke für Ortsbeschreibungen sind:

arriba	*oben*
abajo	*unten*
aquí	*hier*
allí/ahí	*dort*
por aquí	*hier entlang*
por allí/ahí	*dort entlang*
cerca de	*nahe (an)*
lejos de	*weit (von)*
a la izqierda	*links*
a la derecha	*rechts*

Man kann hier auch **ahí** sagen. **Allí** und **ahí** bedeuten beide *dort*. Im Vergleich zu **ahí** ist die Sache oder Person bei **allí** jedoch weiter weg. So wie die Reihenfolge bei den Pronomen **este, ese, aquel** in Bezug auf die Nähe von Dingen ist sie auch bei **aquí, ahí, allí**.

Man könnte auch sagen: **enfrente** – *entgegen / gegenüber*. Wenn man die Präposition **delante de** verwendet, muss danach entweder ein Substantiv stehen, das eine Person oder einen Ort bezeichnet, oder ein Pronomen, z. B. **delante de la puerta** – *vor der Tür*, **delante de ella** – *vor ihr*.

19. Wir parken immer draußen. Es ist gratis. ....

20. Das Esszimmer ist sehr dunkel. ....

21. Wir müssen eine Lampe auf den Tisch stellen. ....

22. Das Postamt ist oben, in der 1. Etage rechts. ....

23. Zwischen dem roten Auto und dem grünen ist ein Platz. ....

24. Ich arbeite bis 5 Uhr. ....

25. Wir wohnen seit 2020 hier. ....

26. Meine Freundin ist seit letzter Woche hier. ....

27. Sie bleibt bis nächsten Freitag. ....

28. Die Apotheke ist von 8 Uhr morgens bis 7 Uhr abends geöffnet. ....

29. Ich arbeite von Montag bis Freitag. ....

30. Alle gehen zur Party außer Javier. ....

31. Das Museum ist jeden Tag geöffnet außer am Montag. ....

32. Magst du Wasser lieber mit oder ohne Kohlensäure? ....

33. Ich gehe nicht ohne dich. ....

34. Ich mache es für dich. ....

35. Wir bezahlen dem Lehrer 5 Euro pro Stunde. ....

36. Hier kannst du nur 50 km pro Stunde fahren. ....

19. Siempre aparcamos fuera. Es gratuito.

20. El comedor es muy oscuro.

21. Tenemos que poner una lámpara encima de la mesa.

22. La oficina de correos está arriba, en la primera planta, a la derecha.

23. Entre el coche rojo y el verde hay un espacio.

24. Trabajo hasta las cinco.

25. Vivimos aquí desde 2020 (dos mil veinte).

26. Mi amiga está aquí desde la semana pasada.

27. Se queda hasta el próximo viernes.

28. La farmacia está abierta desde las ocho de la mañana hasta las siete de la tarde.

29. Trabajo de lunes a viernes.

30. Todos van a la fiesta, excepto Javier.

31. El museo está abierto todos los días, excepto el lunes.

32. ¿Prefieres agua con gas o sin gas?

33. No voy sin ti.

34. Lo hago por ti.

35. Pagamos al profesor quince euros por clase.

36. Aquí solo puedes ir a cincuenta kilómetros por hora.

In diesem Satz wird die Ordnungszahl **primero/primera** – *erste(r, s)* verwendet. Die weiteren Ordnungszahlen sind:

segundo/segunda	*zweite(r,s)*
tercero/tercera	*dritter(r,s)*
cuarto/cuarta	*vierter(r,s)*
quinto/quinta	*fünfter(r,s)*
sexto/sexta	*sechster(r,s)*
séptimo/séptima	*siebter(r,s)*
octavo/octava	*achter(r,s)*
noveno/novena	*neunter(r,s)*
décimo/décima	*zehnter(r,s)*

Bei **primero** bzw. **tercero** wird vor einem maskulinen Substantiv die Endung **-o** gestrichen, sodass die Formen **primer** und **tercer** bleiben, z. B. **el primer día** – *der erste Tag* (und nicht: ~~**el primero día**~~), **el tercer día** – *der dritte Tag* (es heißt nicht: ~~**el tercero día**~~).

Weitere nützliche Präpositionen im Spanischen sind:

desde	*seit*
hasta	*bis*
excepto	*außer*
sin	*ohne*
por	*für, durch, über*

Verkürzt kann man sagen **de ocho a siete**. Bei der Anwendung der Vollform (**desde... hasta...**) wird der Artikel (**las**) vor der Angabe von Stunden gebraucht, in der Kurzform **de... a...** steht jedoch kein Artikel. In Satz 29 kann man auch sagen: **desde el lunes hasta el viernes**.

Anstatt **excepto** kann es auch **menos** oder **salvo** heißen.

In dem Ausdruck **hacer algo por alguien** (*etwas für jemanden machen*) bedeutet die Präposition **por** *für*.

1. Sprich langsamer, bitte. ....
2. Sieh mal, dort ist Carlos. ....
3. Bezahl diese Rechnung, einverstanden? ....
4. Bring bitte den Abfall raus. ....
5. Stell das Radio aus. ....
6. Hilf mir. ....
7. Gib mir mehr Zeit. ....
8. Reich mir das Salz. ....
9. Verzeih mir. ....
10. Hör mir zu, trink ein bisschen Wasser. ....
11. Antworte so bald wie möglich. ....
12. Füll dieses Formular aus. Schreib deinen Namen hier hin und zeige mir deinen Personalausweis. ....
13. Bring mir etwas zu trinken. ....
14. Gib ihnen eine Gelegenheit. ....
15. Ruf ihn an. ....
16. Schick mir die Fotos. ....
17. Nimm eine Aspirin, wenn dir der Kopf weh tut. ....
18. Nimm den Bus Nr. 135. ....

1. Habla más despacio, por favor.
2. Mira, allí está Carlos.
3. Paga esta factura, ¿vale?
4. Saca la basura, por favor.
5. Apaga la radio.
6. Ayúdame.
7. Dame más tiempo.
8. Pásame la sal.
9. Perdóname.
10. Escúchame, bebe un poco de agua.
11. Responde lo antes posible.
12. Rellena este formulario. Escribe tu nombre aquí y enséñame tu DNI.
13. Tráeme algo para beber.
14. Dales una oportunidad.
15. Llámalo / le.
16. Mándame las fotos.
17. Toma una aspirina si te duele la cabeza.
18. Coge el autobús número 135 (ciento treinta y cinco).

Der Imperativ im Spanischen ist relativ formenreich. In diesem Kapitel werden die regelmäßigen und unregelmäßigen Formen der 2. Pers. Sg. (**tú**) besprochen.
Im Fall der Verben auf **-ar** endet die Imperativform auf **-a**, z. B. **mirar** - *sehen* → **mira** - *sieh (mal)*.
Die Betonung fällt bei dieser Imperativform auf die vorletzte Silbe.

Imperativformen werden sehr häufig zusammen mit Objektpronomen verwendet. Dann wird die drittletzte Silbe betont und es muss auf diese das Akzentzeichen gesetzt werden, was im Spanischen prinzipiell auf alle Wörter zutrifft, die auf der drittletzten Silbe betont werden. Das Verb **ayudar** im Infinitiv z. B. wird auf der letzten Silbe betont, deshalb steht kein Akzentzeichen. Nach der Bildung des Imperativs und der Hinzufügung des Pronomens **me** jedoch fällt der Akzent auf die drittletzte Silbe und das Zeichen ist zu setzen.

Im Fall der Verben auf **-er** endet die Imperativform der 2. Pers. Sg (**tú**) auf **-e**, z. B.: **beber** - *trinken* → **bebe** - *trink(e)*, **comer** - *essen* → **come** - *iss*.

Bei den Verben auf **-ir** endet die Imperativform der 2. Pers. Sg (**tú**) ebenfalls auf **-e**, z. B.: **abrir** - *öffnen* → **abre** - *öffne*.
Wie zu erkennen ist, decken sich die Imperativformen in der 2. Pers. Sg. mit der 3. Pers. Sg. Indikativ Präsens, z. B. **abre** - *öffne, öffnet*, **mira** - *sieh, sieht*, **bebe** - *trink(e), trinkt*.

19. Mach das Fenster zu. Es ist kalt.

....

20. Überleg ein bisschen und sag mir alles.

....

21. Komm morgen zurück.

....

22. Mach die Tür zu und fang schon an.

....

23. Ich möchte in den Urlaub fahren. Finde etwas Billiges.

....

24. Probiere das. Es ist sehr lecker.

....

25. Geh schon.

....

26. Stell es hier hin.

....

27. Mach etwas.

....

28. Sag mir, wie viel Uhr es ist.

....

29. Komm jetzt sofort hierher. Bitte um Entschuldigung.

....

30. Wach auf. Es ist schon 7 Uhr.

....

31. Steh auf.

....

32. Bleib bei mir.

....

33. Schmink dich ein bisschen.

....

34. Sei still.

....

35. Setz dich hierher, aber pass auf.

....

36. Komm morgen zu mir nach Hause.

....

19. Cierra la ventana. Hace frío.

20. Piensa un poco y dime todo.

21. Vuelve mañana.

22. Cierra la puerta y empieza ya.

23. Quiero ir de vacaciones. Encuentra algo barato.

24. Prueba esto. Está muy rico.

25. Vete ya.

26. Ponlo aquí.

27. Haz algo.

28. Dime qué hora es.

29. Ven aquí ahora mismo. Pide perdón.

30. Despiértate. Son las siete ya. / Ya son las siete.

31. Levántate.

32. Quédate conmigo.

33. Maquíllate un poco.

34. Cállate.

35. Siéntate aquí pero ten cuidado.

36. Ven a mi casa mañana.

Verben, die im Indikativ Präsens unregelmäßig konjugiert werden, weisen generell auch unregelmäßige Imperativformen auf. Es treten bei ihnen dieselben Vokalwechsel auf wie in der Konjugation, z. B. **encender** - *anzünden*, **él enciende** - *er zündet an* → **enciende** - *zünde an*. Letztere Form, d. h. die Imperativform der 2. Pers. Sg., stimmt mit der 3. Pers. Indikativ Präsens überein.

Bei einigen unregelmäßigen Verben mit dem Stammvokal **o** wird dieser zu **ue**:

volver	**vuelve** (*komm zurück*)
encontrar	**encuentra** (*finde*)
probar	**prueba** (*probiere*)

Wenn man im Falle des zweiten Satzes das Verb **ser** statt **estar** verwenden würde, hätte der Satz eine völlig andere Bedeutung: **Es muy rico.** - *Er ist sehr reich.*

Andere oft gebrauchte unregelmäßige Imperativformen sind:

decir	di	*sag(e)*
poner	pon	*nimm*
hacer	haz	*mach(e)*
ir(se)	ve(te)	*geh(e) (weg)*
venir	ven	*komm*
salir	sal	*geh(e) hinaus*
tener	ten	*hab*

Die Form **dime** allein wird oft als Antwort im Sinne von *Ja bitte* gebraucht, wenn man gerufen wird oder sich am Telefon meldet.

Bei einigen Verben findet ein Vokalwechsel von **e** zu **i** statt, z. B.:

pedir	pide	*bitte*
repetir	repite	*wiederhole*
seguir	sigue	*folge*

Reflexivpronomen (im Fall der 2. Pers. Sg. **te**) werden bei der Imperativbildung mit dem Verb verbunden, z. B. **levántate**.

1. Sprich nicht von ihm. ....
2. Trink kein Leitungswasser. ....
3. Iss nicht viele Pralinen. ....
4. Mach nicht das Fenster auf. Es ist kalt. ....
5. Bezahle nicht für alle. Das ist zu viel. ....
6. Mach nicht das Licht aus. ....
7. Höre ihm / ihr nicht zu. ....
8. Wasch die Kleidung nicht in heißem Wasser. ....
9. Verkauf dein Auto nicht. ....
10. Iss nicht mehr. Du wirst Magenschmerzen bekommen. ....
11. Lass das Auto nicht hier. Es ist kein Parkplatz. ....
12. Ruf ihn nicht an. ....
13. Benutze nicht diesen Computer. Er ist kaputt. ....
14. Kauf nicht diese Wohnung. ....
15. Geh nicht hinein. ....
16. Lies das nicht. Es sind Lügen. ....
17. Komm nie wieder hierher. ....
18. Mach das Fenster nicht zu. ....

1. No hables de él.
2. No bebas agua del grifo.
3. No comas muchos bombónes.
4. No abras la ventana. Hace frío.
5. No pagues para todos. Es demasiado.
6. No apagues la luz.
7. No le escuches.
8. No laves la ropa en agua caliente.
9. No vendas tu coche.
10. No comas más. Vas a tener dolor de estómago.
11. No dejes el coche aquí. No es un aparcamiento.
12. No le llames.
13. No uses este ordenador. Está roto.
14. No compres este piso.
15. No entres.
16. No leas esto. Son mentiras.
17. No vuelvas aquí nunca más.
18. No cierres la ventana.

In Verbotssätzen (mit negierter Imperativform) hat das Verb immer einen anderen Vokal in der Endung als der Infinitiv und die affirmative Imperativform (ohne **no**). Um Verbote dieses Typs zu formulieren, muss man folgende Regeln beachten: bei Verben auf **-ar** (z. B. **hablar**) haben der Infinitiv und die positive Imperativform die Endung **-a**. In der verneinten Imperativform steht dagegen der Vokal **e** → **no hables** (*sprich nicht*). Bei Verben auf **-er** und **-ir** weisen die negierten Imperativformen den Vokal **a** auf, z. B. **escribir** → **no escribas** (*schreibe nicht*), **comer** → **no comas** (*iss nicht*). Darüber hinaus erhalten diese Formen der 2. Pers. Sg. (**tú**) am Wortende ein **-s** (**no hables, no bebas** usw.).

Bei Verben auf **-gar** wird die negierte Form **-gues** geschrieben, da das **/g/** in der Aussprache bleibt.

Bei der Formulierung von Verboten mit unregelmäßigen Verben finden bei diesen die gleichen Vokalwechsel statt wie im Präsens und bei den affirmativen Imperativformen. Z. B. wird im Verbstamm **o** zu **ue** und in der Endung **a** zu **e** bzw. **e/i** zu **a**, zudem wird ein **-s** angehängt:

volver	**no vuelvas**
encontrar	**no encuentres**
probar	**no pruebes**

Im Falle der unten aufgeführten Verben findet ein Vokalwechsel von **e** zu **ie** statt. In Bezug auf die Endung greift die Regel, dass **a** zu **e** bzw. **e/i** zu **a** wird und daran noch ein **-s** angehängt wird:

p**e**ns<u>ar</u>	no p**ie**nses
c**e**rr<u>ar</u>	no c**ie**rres
emp**e**z<u>ar</u>	no emp**ie**ces
desp**e**rt<u>ar</u>	no desp**ie**rtes
p**e**rd<u>er</u>	no p**ie**rdas

19. Denk nicht an Marina. ....

20. Sei nicht dumm. ....

21. Fang nicht wieder an, bitte. ....

22. Weck Pedro nicht. Er ist sehr müde. ....

23. Gib mir nicht die Schuld. ....

24. Komm nicht sehr spät zurück. ....

25. Verlier es nicht. ....

26. Sag keine Dummheiten. ....

27. Geh nicht, ohne dich zu verabschieden. ....

28. Geh nicht weg. ....

29. Mach nicht das Radio an. Ich möchte mich konzentrieren. ....

30. Komm nicht so spät. ....

31. Kauf nichts. ....

32. Sag nichts. ....

33. Bring nichts mit. Wir haben schon alles. ....

34. Mach keinen Lärm. ....

35. Hab keine Angst. ....

36. Geh nicht dorthin. Es ist gefährlich. ....

19. No pienses en Marina.

20. No seas tonto.

> Im Fall des Verbs **ser** erfolgt kein einfacher Vokalwechsel von **e** zu **a**, es heißt also nicht **~~No sas~~**, sondern die Endung **-as** wird an den Stamm angefügt.

21. No empieces otra vez, por favor.

> Zur Erinnerung: bestimmte Verben, die im Deutschen den Akkusativ erfordern, stehen im Spanischen mit der Präposition **a**, z. B.: *Paco* (wen?) *wecken* – **despertar a Paco**, *die Kinder* (wen?) *lehren* – **enseñar a los niños**.

22. No despiertes a Pedro. Está muy cansado.

23. No me des la culpa.

24. No vuelvas muy tarde.

25. No lo pierdas.

26. No digas tonterías.

> Bei einigen Verben mit dem Stammvokal **e** findet ein Wechsel zu **i** statt. Das ist der Fall bei folgenden Verben:

pedir	*no pidas*
repetir	*no repitas*
seguir	*no sigas*
decir	*no digas*

27. No salgas sin despedirte.

28. No te vayas.

29. No pongas la radio. Quiero concentrarme.

> Verben, die in der 1. Pers. Sg. Indikativ Präsens unregelmäßige Formen haben, weisen die Unregelmäßigkeiten auch in ihren Imperativformen auf. Für die folgenden Imperative dienen als Basis die Indikativformen **pongo, hago, voy, vengo, salgo, tengo:**

poner	**no pongas**	*stell(e) nicht*
hacer	**no hagas**	*mach(e) nicht*
irse	**no te vayas**	*geh(e) nicht weg*
venir	**no vengas**	*komm nicht*
salir	**no salgas**	*geh(e) nicht hinaus*
tener	**no tengas**	*habe nicht (z.B.* **No tengas miedo** - *Hab keine Angst;* **No tengas prisa** - *Beeile dich nicht.)*

30. No vengas tan tarde.

31. No compres nada.

32. No digas nada.

33. No traigas nada. Ya tenemos todo.

34. No hagas ruido.

35. No tengas miedo.

36. No vayas allí. Es peligroso.

1. Wo ist Jesús? Ich muss sofort mit ihm sprechen. ....
2. Wahrscheinlich ist er oben. ....
3. Ich werde dir schnell erklären, wie dies funktioniert. ....
4. Ich bin vollkommen einverstanden. ....
5. Er ist total verrückt. ....
6. Der Bericht ist so gut wie fertig. ....
7. Wahrscheinlich regnet es heute Abend. ....
8. Glücklicherweise haben wir einen Regenschirm. ....
9. Leider haben wir keine Zeit mehr. ....
10. Sie ist sehr hübsch. Ich bin total verliebt. ....
11. Sie spricht perfekt Französisch. Die Leute glauben, dass sie Französin ist. ....
12. Die Kinder benehmen sich heute nicht gut. ....
13. Er singt sehr schlecht. Er singt schrecklich. ....
14. Genau über das müssen wir sprechen. ....
15. Über was genau möchtest du mit mir sprechen? ....
16. Es ist absolut notwendig ....
17. Dieser Anzug gefällt mir sehr. ....
18. Du kannst es mühelos machen. Es ist nicht sehr schwer. ....

1. ¿Dónde está Jesús? Tengo que hablar con él inmediatamente.
2. Probablemente está arriba.
3. Voy a explicarte / Te voy a explicar rápidamente cómo funciona esto.
4. Estoy completamente de acuerdo.
5. Él está completamente loco.
6. El informe está prácticamente listo.
7. Probablemente llueve esta noche.
8. Afortunadamente tenemos un paraguas.
9. Desafortunadamente no tenemos más tiempo.
10. Ella es muy guapa. Estoy completamente enamorado.
11. Ella habla francés perfectamente. La gente cree que es francesa.
12. Los niños no se comportan bien hoy.
13. Él canta muy mal. Canta fatal.
14. Precisamente de esto tenemos que hablar.
15. ¿De qué exactamente quieres hablar conmigo?
16. Es absolutamente necesario.
17. Este traje me gusta mucho.
18. Lo puedes hacer fácilmente. / Puedes hacerlo fácilmente. No es muy difícil.

Adverbien können sich auf den Ort, die Häufigkeit, die Art und Weise der Ausführung von Handlungen und anderes mehr beziehen. In Kapitel 26 wurden die Adverbien zur Wiedergabe der Häufigkeit besprochen. In diesem Kapitel geht es um andere häufig gebrauchte Formen. Sehr oft werden Adverbien durch das Anfügen des Suffixes **-mente** gebildet, z. B.:

completa**mente**	*komplett, vollkommen, total*
rápida**mente**	*schnell*
fácil**mente**	*leicht*
probable**mente**	*wahrscheinlich*
igual**mente**	*gleichermaßen, gleichfalls*
inmediata**mente**	*sofort*

Bei Adjektiven, die verschiedene Formen in Bezug auf das maskuline und feminine Genus haben, z. B. **rápido/rápida**, wird das Suffix **-mente** jeweils an die feminine, Form angehängt, z. B.: **rápidamente**.

Probablemente hat eine ähnliche Bedeutung wie **quizás** und **tal vez** – *vielleicht*. Mit diesen Ausdrücken kann man auch den Modus **subjuntivo** verwenden, wenn die Wahrscheinlichkeit für das Eintreten des Ereignisses eher gering ist, z. B. **Probablemente esté lloviendo.**

Die von den Adjektiven **bueno** – *gut* und **malo** – *schlecht* abgeleiteten Adverbien sind unregelmäßig. Sie lauten:

bien	*gut*
mal	*schlecht*

Mit Verben wird das Adverb **mucho** in der Bedeutung *sehr* gebraucht, z. B. **Te quiero mucho.** – *Ich liebe dich sehr.*

19. Grundsätzlich ist das alles, danke. ....

20. In letzter Zeit haben wir viele Probleme. ....

21. Wir fahren nach China. ....

22. Wirklich? ....

23. Lucía und Enrique werden heiraten. ....

24. Wirklich? ....

25. Na klar. / Selbstverständlich. ....

26. Kannst du langsam sprechen? Ich verstehe dich nicht. ....

27. Es ist ziemlich leicht. ....

28. Sie spricht ziemlich gut Spanisch. ....

29. Es ist 23 Uhr. Sicher schläft er schon. ....

30. Ich habe Hunger. ....

31. Ich auch. ....

32. Ich habe keine Zeit. ....

33. Ich auch nicht. ....

34. Du musst langsamer fahren. ....

35. - Frohes neues Jahr.
- Ebenso. ....

36. In letzter Zeit bin ich sehr beschäftigt. Ich habe fast keine Zeit für meine Familie. ....

19. Básicamente es todo, gracias.

20. Últimamente tenemos muchos problemas.

21. Vamos a China.

22. ¿En serio?

23. Lucía y Enrique se van a casar.

24. ¿De verdad?

25. Claro que sí.

26. ¿Puedes hablar despacio? No te entiendo.

27. Es bastante fácil.

28. Ella habla bastante bien español.

29. Son las 23h. Seguramente está durmiendo ya.

30. Tengo hambre.

31. Yo también.

32. No tengo tiempo.

33. Yo tampoco.

34. Tienes que conducir más despacio.

35. - Feliz Año Nuevo.
- Igualmente.

36. Últimamente estoy muy ocupado/a.
Casi no tengo tiempo para mi familia.

Gebräuchliche Adverbien ohne **-mente** sind z. B.:

tarde	*spät*
claro	*klar, natürlich*
despacio	*langsam*
en serio	*ernsthaft*
de verdad	*wirklich*
bastante	*genügend*
de repente	*plötzlich*
casi	*fast*
ya	*schon*

Das Adverb **seguramente** drückt keine hundertprozentige Sicherheit aus. Wenn man von einem sehr hohen Grad an Sicherheit ausgeht, verwendet man **seguro**:
¿Crees que tiene problemas? – *Denkst du, dass es Probleme gibt?*
Seguro. – *Mit Sicherheit.*
Seguramente. – *Sicherlich.*

In Kurzantworten werden häufig die Wörter **también** – *auch* – sowie **tampoco** – *auch nicht* verwendet, z. B.:

Quiero salir.	*Ich möchte ausgehen.*
Yo también.	*Ich auch.*
No tengo dinero.	*Ich habe kein Geld.*
Yo tampoco.	*Ich auch nicht.*
A mí me gusta esta película.	*Mir gefällt dieser Film.*
A mí también.	*Mir auch.*
No me gustan las gambas.	*Ich mag keine Garnelen.*
A mí tampoco.	*Ich auch nicht.*

In Antworten auf Sätze mit dem Verb **gustar** sagt man **a mí también/tampoco**, denn mit diesem Verb werden nicht die Personalpronomen im Nominativ **yo, tú** usw. gebraucht, sondern die Präposition **a** und die entsprechenden Formen der Personalpronomen (**a mí, a ti** usw.).

Wenn man den Komparativ von einem Adverb bilden will, wird das Wort **más** davorgesetzt, z. B. **más tarde** – *später.*

1. Ich gehe heute nicht zur Arbeit, weil ich krank bin. ....
2. Dieses Auto ist neu. Also ich weiß nicht, warum es nicht läuft. ....
3. Hier in der Nähe gibt es keine Apotheke, aber wir können ins Zentrum fahren. ....
4. Ich bin beunruhigt, weil mein Sohn Fieber hat. ....
5. Außerdem tut ihm der Magen weh. ....
6. Ich kann nicht mit dir gehen, weil ich den Brief zu Ende schreiben muss. ....
7. Außerdem fühle ich mich nicht wohl. ....
8. Ich kann jetzt nicht kommen, weil ich viel Arbeit habe. ....
9. Außerdem habe ich eine Sitzung. ....
10. Ich werde mich in die erste Reihe setzen, weil ich nichts höre. ....
11. Hörst du etwas? ....
12. Ich werde diese Jacke zurückgeben, weil sie mir nicht gefällt. ....
13. Außerdem ist diese Farbe nicht schön. ....
14. Ich habe Lust auszugehen. Gehen wir ins Kino? ....
15. Danach können wir etwas trinken gehen. ....
16. Vielleicht fahren wir im August in den Urlaub. ....
17. Patricia ist nicht da. ....
18. Vielleicht ist sie krank. ....

1. No voy al trabajo hoy porque estoy enferma.
2. Este coche es nuevo, así que no sé por qué no funciona.
3. Por aquí no hay una farmacia, pero podemos ir al centro.
4. Estoy preocupado/preocupada porque mi hijo tiene fiebre.
5. Además le duele el estómago.
6. No puedo ir contigo porque tengo que terminar la carta.
7. Además, no me siento bien.
8. Ahora no puedo venir porque tengo mucho trabajo.
9. Además, tengo una reunión.
10. Voy a sentarme en la primera fila porque no oigo nada.
11. ¿Tú oyes algo?
12. Voy a devolver esta chaqueta porque no me gusta.
13. Además, este color no es bonito.
14. Tengo ganas de salir. ¿Vamos al cine?
15. Después, podemos ir a tomar algo.
16. A lo mejor nos vamos de vacaciones en agosto.
17. Patricia no está.
18. A lo mejor está enferma.

In diesem Kapitel werden gebräuchliche Konjunktionen und Konnektoren (Verbindungswörter) vorgestellt, mit deren Hilfe Sätze miteinander verbunden werden können. Hier geht es zunächst um folgende:

porque	*weil*
pero	*aber*
además	*außerdem*
después	*danach*
a lo mejor	*vielleicht*
bueno	*gut*
entonces	*damals*
así que	*dann*
aunque	*obwohl*

Im Spanischen ist eine häufig gebrauchte umgangssprachliche Form **es que**, das Verschiedenes bedeuten kann, z. B.: *nämlich; weil; es geht darum, dass; einfach* usw. Man kann sie anstatt **porque** verwenden, sie muss dann aber am Satzanfang stehen.

No puedo ir contigo.
Es que tengo que terminar una cosa. – *Ich kann nicht mit dir gehen, weil ich noch eine Sache beenden muss.*

Ahora no puedo hablar.
Es que tengo mucho trabajo. – *Ich kann gerade nicht reden. Ich habe nämlich viel Arbeit.*

Voy a la primera fila. Es que no oigo nada. – *Ich gehe in die erste Reihe. Ich höre nämlich nichts.*

Voy a devolver esta chaqueta.
Es que no me gusta. – *Ich werde diese Jacke zurückgeben. Es ist nämlich so, dass sie mir nicht gefällt.*

Man kann auch **luego** anstatt **después** sagen.

Es kann auch heißen: **nos vamos a ir de vacaciones**. Zur Erinnerung: mit dem Verb **ir(se)** steht die Präposition **de**, vgl.: **ir(se) de vacaciones**.

19. Vielleicht hast du recht. ....

20. Ich glaube, dass es heute regnen wird. ....

21. Mir scheint, dass es ein Gewitter gibt. ....

22. Glaubst du, dass es wahr ist? ....

23. Ich glaube ja. ....

24. Es scheint, dass es unser Bus ist. Lauf. ....

25. Gut, gehen wir also. ....

26. Gut, wir haben noch Zeit. ....

27. Also wohnst du hier? ....

28. Heute essen wir zusammen zu Abend, also komm nicht zu spät. ....

29. Ich bin müde, also gehe ich schlafen. ....

30. Es ist nicht dein Problem, also sag nichts. ....

31. Wir haben kein Geld, also können wir nicht in Urlaub fahren. ....

32. Außerdem müssen wir die Rechnungen bezahlen. ....

33. Obwohl er krank ist, geht er arbeiten. ....

34. Obwohl sie nicht viel Zeit haben, werden sie kommen. ....

35. Obwohl ich müde bin, habe ich Lust, auf die Party zu gehen. ....

36. Obwohl es gerade regnet, möchte ich ausgehen. ....

19. A lo mejor tienes razón.

20. Creo que va a llover hoy.

21. A mí me parece que hay una tormenta.

22. ¿Crees que es verdad?

23. Creo que sí.

24. Me parece que es nuestro autobús. Corre.

25. Bueno, vamos entonces.

26. Bueno, todavía tenemos tiempo.

27. ¿Entonces vives aquí?

28. Hoy cenamos juntos/juntas, así que no llegues tarde.

29. Estoy cansado/cansada, así que me voy a dormir.

30. No es tu problema, así que no digas nada.

31. No tenemos dinero, así que no podemos ir de vacaciones.

32. Además, tenemos que pagar los recibos.

33. Aunque está enfermo, va a trabajar.

34. Aunque no tienen mucho tiempo, van a venir.

35. Aunque estoy cansado/cansada, tengo ganas de ir a la fiesta.

36. Aunque está lloviendo, quiero salir.

Synonyme zu **a lo mejor**
(das etwas umgangssprachlicher ist) sind:

quizá, quizás	*vielleicht*
tal vez	*vielleicht*

Um seine Meinung auszudrücken,
kann man verwenden:

Creo que ...	*Ich glaube, dass ...*
A mí me parece que ...	*Mir scheint, dass ...*
Me parece que ...	*Es scheint mir, dass ...*

Das Gegenteil davon ist:
Creo que no. – *Ich glaube nicht.*

Sowohl **entonces** als auch der Ausdruck **así que** bedeuten *also*. Beide Ausdrücke können als Konjunktionen bzw. Konnektoren dienen, um zwei Sätze miteinander zu verbinden, allerdings wird **así que** in der Funktion häufiger gebraucht. **Entonces** steht dagegen eher am Satzanfang oder Satzende.

Anstatt **aunque** kann man auch die Verbindung **a pesar de que ...** – *obwohl ...* verwenden.

Neue Wörter

....

....

....

1. Hallo Jungs / Leute. Dies ist mein Cousin José.

   ....

2. Hallo José. Angenehm.

   ....

3. Morgen habe ich eine Prüfung.

   ....

4. Viel Glück!

   ....

5. Hör mal! Wo ist Mayte?

   ....

6. Ich habe keine Ahnung.

   ....

7. Wir werden ein Kind bekommen.

   ....

8. Sag bloß!

   ....

9. Herzlichen Glückwunsch!

   ....

10. Was für eine Freude!

    ....

11. Ach du meine Güte! Wie schön!

    ....

12. Wie schade!

    ....

13. Ich fahre nach New York.

    ....

14. Wirklich?

    ....

15. Wie gut!

    ....

16. Das heißt, du wirst dort wohnen?

    ....

17. Warum nicht?

    ....

18. Klasse! Was für ein Glück du hast, Mensch!

    ....

1. Hola chicos. Éste es mi primo José.
2. Hola José. Encantado./Encantada.
3. Mañana tengo un examen.
4. ¡Suerte! / ¡Mucha suerte!
5. ¡Oye! ¿Dónde está Mayte?
6. No tengo ni idea.
7. Vamos a tener un niño.
8. ¡No me digas!
9. ¡Enhorabuena!
10. ¡Qué alegría!
11. ¡Hala! ¡Qué bonito!
12. ¡Qué pena!
13. Voy a Nueva York.
14. ¿De verdad?
15. ¡Qué bien!
16. O sea, ¿vas a vivir allí?
17. ¿Por qué no?
18. ¡Qué guay! ¡Qué suerte tienes, hombre!

In Abhängigkeit vom Genus des Subjekts heißt es:

Encantado. | *Angenehm.* (sagt ein Mann)
Encantada. | *Angenehm.* (sagt eine Frau)

Qué wird in Ausrufesätzen zusammen mit Substantiven oder Adjektiven gebraucht.

Der in Satz 16 gebrauchte Ausdruck **o sea** wird meistens als Signalisierung für eine folgende Erklärung bzw. zusätzliche Information verwendet. Man übersetzt ihn mit *das heißt, mit anderen Worten*, z. B. **Ya me siento mejor, o sea, ya no tengo fiebre.** – *Ich fühle mich schon besser, das heißt, ich habe kein Fieber mehr.*

Hombre bedeutet *Mann* oder *Mensch*. Häufig wird das Wort als eine Art Interjektion in der Bedeutung *Mann!, Mensch!* verwendet, wenn man sich an jemanden wendet, um dessen Aufmerksamkeit zu erlangen, z. B.:
Hombre, cuánto tiempo! – *Mensch, wir haben uns ewig nicht gesehen!*
Javier, ¿qué pasa, hombre? – *Javier, was ist los, Mensch?*
¿A dónde vas?, hombre. – *Wohin gehst du, Mensch?*

Das Wort kommt auch zur Anwendung, wenn die Rede von etwas Überraschendem ist oder man etwas betonen möchte, z. B.:
Es difícil, ¿no? – *Es ist schwierig, oder nicht?*
¡Hombre, tampoco es tan difícil! – *Mensch, so schwierig ist es auch nicht.*
Hombre, no pasa nada. – *Mensch, das macht nichts.*

19. Herr Sánchez, entschuldigen Sie, können Sie mir sagen, wo die Toiletten sind? ....

20. Hinten, rechts. ....

21. Selbstverständlich. / Und ob. ....

22. Es gibt überhaupt kein Problem. ....

23. Schönes Wochenende! ....

24. Ebenfalls. ....

25. Kannst du bitte ein bisschen später kommen? Ich hoffe doch. ....

26. Okay, einverstanden. ....

27. Was bevorzugst du? ....

28. Es ist mir egal. ....

29. Ach, Entschuldigung! ....

30. Es tut mir leid. ....

31. Es ist nichts passiert. Keine Sorge. ....

32. Los! Komm mit uns! ....

33. Carla kommt nicht. Es tut mir leid. ....

34. Das kann nicht sein. ....

35. Gesundheit! ....

36. Alles Gute zum Geburtstag! ....

19. Sr. Sánchez, disculpe, ¿pueden decirme dónde están los servicios?

20. Al fondo, a la derecha.

21. Claro que sí.

22. No hay ningún problema.

23. ¡Buen fin de semana!

24. Igualmente.

25. ¿Puedes venir un poco más tarde, por favor? Espero que sí.

26. Vale, de acuerdo.

27. ¿Qué prefieres?

28. Me da igual.

29. Huy, perdón.

30. Lo siento.

31. No pasa nada. No te preocupes.

32. ¡Venga! ¡Ven con nosotros/nosotras!

33. Carla no viene. Lo siento.

34. No puede ser.

35. ¡Salud! / ¡Jesús!

36. ¡Feliz cumpleaños!

Als umgangssprachliche Kurzform wird auch **¡Buen finde!** gebraucht.

Man sagt auch:

Espero que no.	*Ich hoffe nicht.*
Creo que sí.	*Ich glaube schon.*
Creo que no.	*Ich glaube nicht.*
Me parece que sí.	*Mir scheint schon.*
Me parece que no.	*Mir scheint nicht.*

Die Formen, die sich auf bestimmte Personen beziehen, sind:

Perdona	*Entschuldige*
Perdone	*Entschuldigen Sie* (eine Person)
Perdonad	*Entschuldigt*
Perdonen	*Entschuldigen Sie* (mehrere Personen)

Sie kommen zur Anwendung, wenn man sich für etwas entschuldigen oder jemanden etwas fragen will.

Neue Wörter

....

....

....

....

....

....

1. Wirst du es heute fertig machen? ……………………………………
2. Ich weiß es nicht. Ich hoffe doch. ……………………………………
3. Bist du fertig? Ich warte unten auf dich. ……………………………………
4. Wie viel Geld ist auf dem Konto? Ich brauche 200 Euro. ……………………………………
5. Warte. Ich muss es überprüfen. ……………………………………
6. Ich lerne gerade. Morgen habe ich eine Prüfung. ……………………………………
7. Viel Glück! ……………………………………
8. Dieses Gebäude ist höher als die Kirche. ……………………………………
9. Hast du Hunger? Wenn du möchtest, gehen wir etwas essen. ……………………………………
10. Kannst du lauter sprechen? Es gibt ein Problem mit der Verbindung. ……………………………………
11. Um wie viel Uhr öffnet die Apotheke? ……………………………………
12. Vielleicht ist sie schon auf. ……………………………………
13. Weißt du was? In den Ferien fahren wir nach Griechenland. ……………………………………
14. Wann möchtest du fahren? ……………………………………
15. Hör mal. Es gibt ein Problem im Büro. ……………………………………
16. Keine Sorge. Ich werde mal sehen, was los ist. ……………………………………
17. Schau mich an. Ich möchte dich etwas fragen. ……………………………………
18. Wo ist meine Tasche? Ich sehe sie nicht. ……………………………………

Dieses Kapitel enthält 72 Sätze, die das gesamte grammatische Material des vorliegenden Buches zusammenfassen. Wenn Sie sie analysieren und übersetzen, wiederholen Sie gleichzeitig die bis jetzt behandelten Themen und überprüfen Ihre Kenntnisse.
Viel Erfolg!

1. ¿Vas a terminarlo hoy?
2. No (lo) sé. Espero que sí.
3. ¿Estás lista? Te espero abajo.
4. ¿Cuánto dinero hay en la cuenta? Necesito doscientos euros.
5. Espera. Tengo que comprobarlo.
6. Estoy estudiando. Mañana tengo un examen.
7. ¡Suerte! ¡Mucha suerte!
8. Este edificio es más alto que la iglesia.
9. ¿Tienes hambre? Si quieres, vamos a comer algo.
10. ¿Puedes hablar más alto? Hay un problema con la conexión.
11. ¿A qué hora abre la farmacia?
12. A lo mejor está abierta ya.
13. ¿Sabes qué? En las vacaciones vamos a Grecia.
14. ¿Cuándo quieres ir?
15. ¡Oye! Hay un problema en la oficina.
16. No te preocupes. Voy a ver qué pasa.
17. Mírame. Quiero preguntarte algo.
18. ¿Dónde está mi bolso? No lo veo.

19. Am Wochenende kommen meine Eltern. Was werden wir machen? ....

20. Wir können ins Theater gehen. ....

21. Ich verstehe euch nicht. ....

22. Um wie viel Uhr stehst du auf? Ich stehe um Viertel nach sieben Uhr auf. ....

23. Ich fühle mich mies. ....

24. Mir tut der Kopf sehr weh. ....

25. Ich glaube, ich werde heute zu Hause bleiben. ....

26. Was suchst du gerade? Soll ich dir helfen? ....

27. Kannst du mir eine Flasche Wasser bringen? Ich habe Durst. ....

28. Heute ist es heiß. Wollt ihr in den Park gehen? ....

29. Ich habe keine Lust. Ich bin ein bisschen krank. ....

30. Benutzt du gerade deinen Computer? ....

31. Kann ich eine Nachricht schicken? ....

32. Wenn es keine Fragen mehr gibt, sehen wir uns am Mittwoch, den 10. August. ....

33. Unsere nächste Besprechung ist am Donnerstag, den 15. Oktober. Du musst kommen. ....

34. Was ist das? ....

35. José kauft sich einen Laptop. ....

36. Welche ist deine Lieblingstapa? ....

19. El fin de semana vienen mis padres. ¿Qué vamos a hacer?

20. Podemos ir al teatro.

21. No os entiendo.

22. ¿A qué hora te levantas? Yo me levanto a las siete y cuarto.

23. Me siento fatal.

24. Me duele mucho la cabeza.

25. Creo que hoy me voy a quedar en casa./ Creo que hoy voy a quedarme en casa.

26. ¿Qué estás buscando? ¿Te ayudo?

27. ¿Puedes traerme / Me puedes traer una botella de agua? Tengo sed.

28. Hoy hace calor. ¿Queréis ir al parque?

29. No tengo ganas. Estoy un poco enfermo/enferma.

30. ¿Estás usando tu ordenador?

31. ¿Puedo mandar un mensaje?

32. Si ya no hay preguntas, nos vemos el miércoles, 10 de agosto.

33. Nuestra próxima reunión es el jueves, 15 de octubre. Tienes que venir.

34. ¿Qué es esto?

35. José se compra un ordenador portátil.

36. ¿Cuál es tu tapa favorita?

37. Wo wohnt deine Schwester? ....

38. Wir sehen sehr gerne diese Serie. Sie ist sehr interessant. ....

39. Ich fahre nicht gerne, besonders in einer großen Stadt. ....

40. Warum rufst du mich? Hast du irgendein Problem? ....

41. Wie heißt dein Hund? ....

42. Hinter meinem Haus ist ein großer Garten. ....

43. Ich brauche deine Hilfe. Wie viel Zeit hast du? ....

44. Nicht viel. Ich muss um halb zehn Uhr im Büro sein. ....

45. Ich kenne dich nicht. Wie heißt du? ....

46. Wir fangen um 4 Uhr an. Glaubst du, dass alle kommen werden? ....

47. Magst du lieber hineingehen oder draußen warten? ....

48. Paris ist eine wunderschöne Stadt, aber im Zentrum ist viel Verkehr. ....

49. Wir sehen uns dreimal wöchentlich, normalerweise am Dienstag, Donnerstag und Samstag. ....

50. Ich habe mehr Probleme als du. ....

51. Dieses Hotel ist in der Nähe vom Strand und es ist billiger. ....

52. Mit wem sprichst du gerade? ....

53. Meine Wohnung ist in der 2. Etage. ....

54. Mach den Fernseher aus. Die Kinder schlafen. Ich möchte sie nicht aufwecken. ....

37. ¿Dónde vive tu hermana?

38. Nos gusta mucho ver esta serie. Es muy interesante.

39. No me gusta conducir, especialmente en una ciudad grande.

40. ¿Por qué me llamas? ¿Tienes algún problema?

41. ¿Cómo se llama tu perro?

42. Detrás de mi casa hay un jardín grande.

43. Necesito tu ayuda. ¿Cuánto tiempo tienes?

44. No mucho. Tengo que estar a las nueve y media en la oficina.

45. No te conozco. ¿Cómo te llamas?

46. Empezamos a las cuatro. ¿Crees que todos van a venir?

47. ¿Prefieres entrar o esperar fuera?

48. París es una ciudad preciosa, pero en el centro hay mucho tráfico.

49. Nos vemos tres veces a la semana, normalmente el martes, el jueves y el sábado.

50. Tengo más problemas que tú.

51. Este hotel está cerca de la playa y es más barato.

52. ¿Con quién estás hablando?

53. Mi piso está en la segunda planta.

54. Apaga la tele. Los niños están durmiendo. No quiero despertarlos / les.

55. Sag mir, warum du traurig bist. ....

56. Denk nicht daran. ....

57. Ruf mich nicht an. Ich möchte nicht mit dir sprechen. ....

58. Erfreulicherweise müssen wir nicht mehr bezahlen. ....

59. Wie gut! Die Haltestelle ist neben der Bank. ....

60. Herr Chacón, ich möchte mit Ihnen über ihren Film sprechen. ....

61. Frag ihn / sie, um wie viel Uhr er / sie kommt. ....

62. Gefällt euch seine / ihre Wohnung? ....

63. Ich mag sehr gerne Schokolade. ....

64. Es ist eine wunderschöne Uhr, aber ich weiß nicht, wie viel sie kostet. ....

65. Wer ist dieses Mädchen? Ist sie deine Freundin? ....

66. Wie machst du diesen Kuchen? Er schmeckt sehr lecker. ....

67. Heute ist kein Unterricht, weil unser Lehrer krank ist. ....

68. Gib mir mal meine Tasche rüber. ....

69. Heute ist mein Geburtstag. ....

70. Was verkaufen sie in diesem Geschäft? Fragen wir? ....

71. Kann ich dieses T-Shirt sehen? ....

72. Selbstverständlich. / Aber ja. ....

55. Dime por qué estás triste.

56. No pienses en esto.

57. No me llames. No quiero hablar contigo.

58. Afortunadamente no tenemos que pagar más.

59. ¡Qué bien! La parada está al lado del banco.

60. Sr. Chacón, quiero hablar con usted de su película.

61. Pregúntale a qué hora viene.

62. ¿Os gusta su piso?

63. Me encanta el chocolate.

64. Es un reloj precioso, pero no sé cuánto cuesta.

65. ¿Quién es esa chica? ¿Es tu amiga?

66. ¿Cómo haces esta tarta? Está muy rica.

67. Hoy no hay clase porque nuestro profesor está enfermo.

68. Pásame mi bolso.

69. Hoy es mi cumpleaños.

70. ¿Qué venden en esta tienda? ¿Vamos a preguntar? / ¿Preguntamos?

71. ¿Puedo ver esa camiseta?

72. Claro que sí.